the japan times
NEWS DIGEST

ジャパンタイムズ出版 英語出版編集部 編

2020.夏
Special
Issue

⬇MP3音声無料ダウンロード ＋ ⠶))アプリ対応

『The Japan Times NEWS DIGEST』ではこれまで、各界著名人のスピーチやインタビューを生音声つきで紹介してきました。話し手の思いが感じられる生の言葉には力があります。また、よく練られたスピーチは、英語学習を超えた気付きや感銘を与えてくれることもあるでしょう。

2019年末に現れた新型コロナウイルスは、瞬く間に世界に広がりました。6月末には感染者数が1,000万人を超え、亡くなられた方も51万人に達しています。世界各地でロックダウン（都市封鎖）が行われ、日本でも緊急事態宣言が発令されました。先の見えない不安な日々の中で、世界のリーダーたちは何を語り、どう対応していったのでしょうか。本特別号はその記録の一端として、感染が爆発し始めた3月から4月にかけての危機管理スピーチ5本とインタビュー2本を収録しました。

まず、コロナ感染症対応の成功例として注目されているニュージーランドからジャシンダ・アーダーン首相、そしてカナダのジャスティン・トルドー首相を取り上げます。いずれも国民を第一に考える「共感力」とさまざまな立場の人への配慮が感じられるスピーチです。

続いて、イギリスのボリス・ジョンソン首相、アメリカのアンドリュー・クオモNY州知事、そして欧州委員会のウルズラ・フォン・デア・ライエン委員長の3人。首相、州知事、EUの行政執行機関の長という異なる立場からのスピーチをお聞きください。特にクオモ氏は、多くの感染者を出す中でNY州民が支持し続けた理由が垣間見える内容です。

最後の2人はアジアから、台湾のマスク配布システムや東京都のウイルス対策サイトへの協力で一躍その名を知られるようになったオードリー・タン大臣と、韓国の康京和外相へのインタビュー。オープンデータの未来を感じさせる2本です。

本書が皆さんの英語力を高めるとともに、のちにこの未曾有のパンデミックを振り返る際の参考となれば幸いです。

編者

the japan times
NEWS DIGEST

2020夏
Special Issue

特別号

コロナ禍を生き抜く
厳選 危機管理スピーチ集

Contents

Chapter 1

ジャシンダ・アーダーン（ニュージーランド首相）

8 ❶「強さと優しさと団結の心を」
Be strong, be kind, and unite

ジャスティン・トルドー（カナダ首相）

22 ❷「一緒に乗り越えよう」
Together, we will get through this

Chapter 2

ボリス・ジョンソン（イギリス首相）

32 ❶「NHSを守り、命を救おう」

Protect our NHS and save lives

アンドリュー・クオモ（NY州知事）

44 ❷「昨日に戻ることはできない」

We will not return to yesterday

ウルズラ・フォン・デア・ライエン（欧州委員会委員長）

58 ❸「EU加盟国の助け合いが不可欠」

Only by helping each other

Chapter 3

オードリー・タン（台湾デジタル担当政務委員）
──米スティムソン・センターによるインタビュー

72 ❶「偽情報をやっつけろ」

Let's quell the disinformation

康京和（韓国外交部長官）──BBCによるインタビュー

82 ❷「エビデンスと科学に基づいて」

Based on evidence and science

※本書ではumなどの言いよどみは表記していません。
　また、音声に含まれていないものの、文法的に必要な語句は [ ] で示しています。

●解説／沢田博（ジャーナリスト、『ニューズウィーク』日本版・元編集長）
●編集協力／いしもとあやこ　●訳／春日聡子、挙市玲子、沢田博
●英文校正／Owen Schaefer
●装丁／小口翔平＋三沢稜（tobufune）　●本文デザイン／デラサイン
●音声編集／ELEC録音スタジオ　●ナレーター／Peter von Gomm［米］

●表紙写真（左から）：AP/アフロ、代表撮影/新華社/アフロ、AP/アフロ

🔊 MP3音声のダウンロードと再生方法

掲載スピーチとインタビューの生音声 (MP3) は
以下の手順でダウンロードし、ご利用ください。

スマートフォン

   OTO Navi

1 App StoreまたはGoogle Playから
音声再生アプリ「OTO Navi」をインストール

2 OTO Naviで本書を検索

3 OTO Naviで音声をダウンロードし、再生

※3秒早送り・早戻し、繰り返し再生などの便利機能つき。
　学習にお役立てください。

P C

1 ブラウザからBOOK CLUBにアクセス
https://bookclub.japantimes.co.jp/book/b516562.html

2 表紙下の「ダウンロード」ボタンをクリック

3 音声をダウンロードし、iTunesなどに取り込んで再生

※音声はzipファイルを展開（解凍）してご利用ください。

Empathetic and Strong

新型コロナウイルス感染症の抑え込みに成功しているニュージーランド。同国の首相ジャシンダ・アーダーンは迅速かつ率直に現状を伝え、また自宅からリラックスした服装で動画の配信を行い、国民の不安を和らげたことでも話題になった。ここでは、国家非常事態宣言の直前、3月21日の会見を聞いてみよう。警戒レベル

1

Jacinda Ardern

ジャシンダ・アーダーン

1980年生まれ。第40代ニュージーランド首相。2017年よりニュージーランド労働党党首。37歳での首相就任は同国史上最年少、女性の首相は史上3人目。ワイカト大学で政治およびPR分野のコミュニケーション学を専攻、卒業後はヘレン・クラーク(第37代NZ首相)などの事務所に勤務。1998年、18歳でニュージーランド労働党に入党し、2008年に議員初当選。女性や子どもの権利を守る政策にも力を入れ、多民族国家である同国を率いている。

「共感力」で国民に寄り添うリーダー

1〜4について丁寧に説明し、理解と団結を求めている。
2人目は、カナダのジャスティン・トルドー。キリスト教のイースターである4月12日のスピーチを取り上げる。ユダヤ教やヒンドゥー教など他の宗教を信仰する人々にも配慮し、また、子どもたちへのメッセージも織り込まれた内容だ。

②

Justin Trudeau

ジャスティン・トルドー

1971年生まれ。第29代カナダ首相。マギル大学で文学、ブリティッシュコロンビア大学で教育学を学ぶ。2007年に政界進出、2013年には自由党の党首に選出された。2015年11月、首相に就任。カナダ史上初めて閣僚を男女同数にした。フェミニストを公言するなどジェンダー平等の実現に積極的な姿勢が知られる。父は第20代、22代首相のピエール・トルドー。

写真：p.6提供：AAP Image/アフロ
p.7 DPA／共同通信イメージズ

Chapter 1 1

Be strong, be kind, and unite

March 21, 2020

TRACK 2

① I'm speaking directly to all **New Zealanders** today to give you as much certainty and clarity as we can, as we fight COVID-19.

② Over the past few weeks, the world has changed. And it has changed very quickly. In February it would have seemed **unimaginable** to close New Zealand's borders to the world, and now it has been an **obvious** step as we fight COVID-19.

③ This is because we are experiencing an **unprecedented** event — a global **pandemic** that in New Zealand, we have moved to fight by going hard, and going early.

④ I understand that all of this rapid change creates anxiety and uncertainty, especially when it means changing how we live. That's why today, I am going to **set out** for you as clearly as possible what you can expect as we continue to fight the **virus** together.

Vocabulary

Headline Vocabulary
unite 団結する
① ——————
New Zealander ニュージーランド人
② ——————
unimaginable 想像もできない

obvious 明らかな、当然の
③ ——————
unprecedented 前例のない
pandemic パンデミック、(病気の)大流行、感染拡大
④ ——————
set out 〜を明確に述べる、発表

する
virus ウイルス

ジャシンダ・アーダーンNZ首相スピーチ
「強さと優しさと団結の心を」

① 今日は、新型コロナウイルス感染症（COVID-19）との闘いについてできるだけはっきりと明確にするため、全ニュージーランド国民に直接お話しします。

② この数週間で世界は変わりました。それも、あっという間に変わりました。2月には、世界に対してニュージーランドの国境を封鎖するなど想像もできないと思われていたでしょうが、今それはCOVID-19と闘う上で当然の手段となりました。

③ なぜなら、私たちは前代未聞の事態——世界的パンデミックを経験しているからです。それに対して、ニュージーランドでは厳格かつ迅速に対処し闘ってきました。

④ こうした急激な変化によって心配や不安が生じることは理解しています。日々の暮らしが変わるとなれば、なおさらです。そこで今日、私は、共にウイルスと闘い続ける上で何が想定されるのか、できるだけ分かりやすくご説明します。

⑤ The first really important thing to remember is that **the vast majority of** people who will ever have COVID-19 will only experience **mild to moderate symptoms.** But there will be some who will need more care. That's why we have to focus on one simple goal — to slow down COVID-19.

⑥ Slowing it down means not having one big **tidal wave** of **cases,** but instead, smaller waves — groups of cases that we can manage properly as they **arise.** That means we reduce the impact on health, on jobs and on our economy. Some countries and places have successfully managed to do this — but it does mean we have to be ready to step up our action when we need to.

⑦ Here's how we will know what to do and when. Already in New Zealand, we have warning systems to try and **get ahead of** problems and **hazards.** We all know and **recognise signs** that tell us when we have fire risk or when to reduce our water use.

⑧ Today, I am announcing an **alert** system for COVID-19. That alert system can apply to the whole country, but sometimes, it may only apply to certain towns or cities.

Vocabulary

⑤
the vast majority of ～の大多数
mild to moderate 軽度から中等度の
symptom 症状
⑥
tidal wave 高波、大波

case 症例、事例
arise 生じる、発生する
⑦
get ahead of ～を先取りする
hazard 危険
recognise ～を識別する（イギリス式つづり。アメリカ式つづりは

recognize)
sign 兆候、前兆
⑧
alert 警報、警戒

⑤ まず、覚えておくべきとても大事なことは、COVID-19にかかっても大部分の人は軽度から中程度の症状しか出ないということです。ですが、より多くの治療を必要とする人も出るでしょう。だからこそ、私たちはシンプルな一つの目標に注力しなければなりません——COVID-19の感染拡大スピードを抑えるのです。

⑥ 速度を抑えるというのはつまり、感染者の大波を一度に受けるのではなく、幾つもの小さな波 —— 発生しても適切に対応できる程度の患者集団にするということです。そうすれば、健康、職、経済への影響を減らすことになります。これを成功させている国や地域も幾つかあります —— けれどそれは、必要に応じて段階的に行動できるよう備えなければならないということでもあります。

⑦ 何をいつすべきか知る方法はこうです。ニュージーランドには既に、問題や危険に前もって対処するための警報システムがあります。私たちは皆、火災のリスクがある場合や水の使用を減らした方がいい場合の予兆を知り、認識しています。

⑧ 今日、私は、COVID-19の警戒システムを発表します。その警戒システムは、全国に適用されることもありますが、時には一部の町や都市だけに適用されることもあります。

Chapter 1

TRACK
4

⑨ There are four levels to the alert system. At each level there are things we need you to do, to keep you safe. And there are things the government will do too.

⑩ Alert Level One is where COVID-19 is here, but **contained**. In this **phase**, we prepare. The basics, like border **measures**, contact **tracing**, and cancelling **mass gatherings** are all **activated**. You'll see that this is where we have been when COVID first arrived in New Zealand.

⑪ Alert Level Two is where the disease is contained, but the risks are growing because we have more cases. This is when we move to reduce our contact with **one another**. We increase our border measures, and we cancel events. This is also the level where we ask people to work differently if they can, and cancel unnecessary travel.

⑫ Alert Level Three is where the disease is increasingly difficult to contain. This is where we **restrict** our contact by stepping things up again. We close public **venues** and ask non-essential businesses to close.

Vocabulary

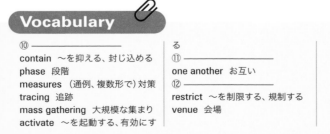

⑩ ——————————
contain ～を抑える、封じ込める
phase 段階
measures （通例、複数形で）対策
tracing 追跡
mass gathering 大規模な集まり
activate ～を起動する、有効にす

る
⑪ ——————————
one another お互い
⑫ ——————————
restrict ～を制限する、規制する
venue 会場

⑨ 警戒システムには4つのレベルがあります。それぞれのレベルで、安全を守るために皆さんに行っていただきたい事柄があります。政府が行う事柄もあります。

⑩ 警戒レベル1は、COVID-19が存在するものの封じ込められている、という状態です。この段階では備えをします。国境対策、接触追跡、大規模集会の中止といった基本的なことが全て実行されます。これはCOVID（新型コロナ）が初めてニュージーランドに上陸した際の状況だとお分かりいただけるでしょう。

⑪ 警戒レベル2は、この病気が封じ込められてはいるけれど、感染者数が増えリスクが増加している状態です。この段階では、相互の接触を減らす対策を取ります。国境対策を強化し、イベントを中止します。また、このレベルでは、可能であれば勤務の仕方を変え、不要な移動を取りやめていただくよう皆さんにお願いします。

⑫ 警戒レベル3は、この病気の封じ込めが非常に難しくなってきた状態です。ここでは、さらに1段階強化した接触の制限を行います。公共の場を閉鎖し、必要不可欠でない事業には休業をお願いします。

⑬ And Alert Level Four, this is where we have **sustained transmission**. This is where we **eliminate** contact with each other altogether. We keep **essential services** going but we ask everyone to stay at home until COVID-19 is back under control.

⑭ It's important to note that with every level, supermarkets and essential services, like access to **pharmaceuticals** will continue. Shop normally. If we do that, our supermarkets will have time to **restock** their shelves.

⑮ We will use this alert system every time we **update** our cases, so you'll know if the status in your area has gone up, or down, or stayed the same, and what you'll need to do.

⑯ Today I am confirming that New Zealand is **currently** at Alert Level Two. That means the risk of community transmission is growing, and so to stay ahead and reduce the chances of the wave growing, we need to step things up.

⑰ Now we already **have** many of the measures for Level Two **in place**. But there are some that are new.

Vocabulary

⑬ ————————
sustained 持続した、長期的な
transmission （病気などの）伝染
eliminate 〜を取り除く、なくす
essential services 社会生活の維持に不可欠な医療・物流などの事業

⑭ ————————
pharmaceutical 薬剤、調剤
restock 〜に補充する
⑮ ————————
update 〜を更新する、最新の状態にする (p.20㉕4行目は名詞で「最新情報」の意味)

⑯ ————————
currently 現在のところ、今は
⑰ ————————
have 〜 in place 〜を準備してある、〜が整っている

⑬ そして警戒レベル4は、感染が長期化した状態です。この場合は相互の接触を全てなくします。必要不可欠なサービスは業務を続けますが、COVID-19が再び沈静化するまで全ての人に自宅にいるようお願いします。

⑭ 注目していただきたいのは、どの警戒レベルでも、スーパーマーケットと、調剤薬局の利用などの必要不可欠なサービスは業務を継続するということです。買い物は（買いだめなどせず）通常どおりにしてください。そうすれば、スーパーマーケットも在庫を補充する時間が持てます。

⑮ 症例情報が更新されるたびにこの警戒システムを運用しますので、お住まいの地域のレベルが上がったか、下がったか、同じままであるか、そして何をすればいいのかが、分かるはずです。

⑯ 本日あらためて申し上げますが、現在のニュージーランドは警戒レベル2です。つまり、地域内の感染が増えているので、波が大きくなる機会を減らすよう先手を打ち続けるために、対策を強化する必要があります。

⑰ 現在、レベル2の対策の多くは既に講じられています。しかし、新しく追加されるものが幾つかあります。

⑱ Here are the things that we need from you: Today, we are asking people over 70 years of age or people who have **compromised immunity** or **underlying respiratory conditions** to stay at home as much as they can.

⑲ That means we need friends, family and **neighbours** to support our older New Zealanders and people who may be in this group by doing simple things like **keeping in contact** and dropping off food or other **supplies.** When you do, make sure you are not sick, that you are using good handwashing practices, and you are **keeping your distance.**

⑳ We also need everyone to start working differently. Many offices have plans for workers to **work from home.** Others have **staggered** meal breaks or shift-based working. We are now asking you to **implement** these plans.

㉑ Now, we know not everyone can do this. We need and will continue to have health and emergency professionals, transport and delivery staff, supermarket and food production workers, and other essential people continuing on at their place of work. And there are some **sectors** where work from home is impossible. There are still steps these workplaces should take at the same time, like additional cleaning, and **physical distancing** as much as possible.

Vocabulary

⑱ ———
compromised　機能障害のある、不全な
immunity　免疫
underlying condition　基礎疾患

respiratory　呼吸器の
⑲ ———
neighbour　近隣住民（イギリス式つづり。アメリカ式つづりは neighbor）

keep in contact　連絡を取り続ける
supplies　（通例、複数形で）必需品
keep *one*'s distance　距離を空ける

⑱ 皆さんに行っていただきたいことは、次のとおりです。今日から、70歳を超える方々と、免疫不全や呼吸器の基礎疾患のある方々にはできるだけ家を出ないようお願いします。

⑲ ということは、友人や家族や近隣住民が、高齢のニュージーランド国民や先ほどの分類に該当しそうな人に、連絡を取ったり食べ物やその他の日用品を届けたりしてサポートする必要があります。その際には、自身が体調不良でないことを確認し、手洗い習慣をきちんと実践し、距離をしっかり取ってください。

⑳ また、皆さんに働き方を変えていただく必要もあります。多くの会社は、従業員に在宅勤務をさせるための計画を用意しています。それ以外の職場にも、時間差の食事休憩やシフト制勤務があります。今、そうした計画を実施するようお願いします。

㉑ さて、それができる人ばかりでないということは承知しています。医療や救急の専門職、運送・配送業者、スーパーマーケットの働き手や食料生産従事者といったエッセンシャルワーカーには、それぞれの職場で仕事を続けていただく必要があります。また、在宅勤務が不可能な部門もあります。それでも、こうした職場で取ってもらうべき対策があります、例えば清掃を増やすことや、できる限り物理的距離を取ることなどです。

---

⑳ ——
work from home 在宅勤務をする
staggered 交互の、互い違いの
implement ～を実施する

㉑ ——
sector 部門
physical distancing 物理的距離の確保

㉒ And finally, we're asking that you limit your movement around the country. This will help us track and contain any spread of COVID-19. That means cutting non-essential **domestic** travel. Every unnecessary movement gives COVID-19 a chance to spread.

㉓ Now, for those of you who are parents or **caregivers**, you will have questions about schools and education **facilities**. At Alert Level Two, schools will be closed if there is a case that effects a school, as we have been doing **to date**. That may change if we move into higher alert levels. But sending children home at this stage doesn't necessarily reduce transmission in the community, but I can assure you we are constantly monitoring these settings to keep schools and children safe. As a **mum**, I can assure you this is my **key consideration**.

㉔ Finally, this is a time when I know people will want as much information as possible. It's also a time when there is plenty of **misinformation**. All of the advice from the government about COVID-19 and how it affects you is available at covid19.govt.nz including more detailed guidance on this announcement.

Vocabulary

㉒
domestic 国内の
㉓
caregiver 保護者、面倒を見る人
facility 施設、機関
to date 今まで
mum ママ、お母さん (イギリス英語。アメリカ英語ではmom)
key consideration 重要な留意事項
㉔
misinformation 偽情報、誤報

ジャシンダ・アーダーン「強さと優しさと団結の心を」

㉒ そして最後に、国内の移動を控えていただくようお願いします。そうすることが、COVID-19の感染拡大を追跡し封じ込めることに役立ちます。不要不急の国内旅行を取りやめるということです。不必要な移動の一つ一つが、COVID-19に感染拡大の機会を与えてしまいます。

㉓ さて、親や保護者の立場にある方々は、学校や教育機関について疑問をお持ちでしょう。警戒レベル2では、これまでと同様、学校に影響のある症例が出た場合に休校となります。警戒レベルが上がればそれも変わる可能性があります。しかし現段階では、子どもたちを在宅状態にしても、必ずしも地域の感染を減らすことにつながりません。ただ、学校と子どもたちの安全を守るため、私たちはこうした状況を常時見守っているのでご安心ください。一人の母親として、これが私にとっての重要事項であることを保証します。

㉔ 最後に、今は皆さんができるだけ多くの情報を得たい時です。同時に、誤情報の多い時でもあります。この発表に関するより詳細な手引きを含め、COVID-19とその影響に関する政府からの情報は、全てcovid19.govt.nzでご覧いただけます。

㉕ Till then, I know this current situation is causing **huge disruption** and **uncertainty**. And right now, I cannot tell you when that will end. This alert system **is designed to** help us through that — so please do **stay tuned** and we will share daily updates — especially as alert levels can move from one level to the next **in a short space of time,** as we have seen elsewhere in the world.

㉖ For now, I ask that New Zealand does what we do so well. We are a country that is creative, practical and **community-minded.** We may not have experienced anything like this in our lifetimes, but we know how to **rally** and we know how to look after one another. And right now, what could be more important than that? So thank you for all that you're about to do.

㉗ Please be strong, be kind, and unite against COVID-19.

Vocabulary

㉕ ——————
huge 大規模な、多大な
disruption 混乱
uncertainty 不確実さ、不確定
be designed to *do* ～するよう作られている、～することが目的である

stay tuned 情報を聞き続ける、注目し続ける
in a short space of time 短期間に
㉖ ——————
community-minded コミュニティー志向の、地域を大事にする

rally 集結する

㉕ それまでの間、現在の状況が多大な混乱と不安を招いていることは承知しています。そして今のところ、これがいつ終わるのか申し上げることができません。この警戒システムはそれを乗り越えるための助けとなるものです——ですから毎日の最新情報の発表に注目していてください——特に、警戒レベルは、世界の他の場所でも見られるように、一つのレベルから次のレベルに短期間で移る可能性があります。

㉖ 今は、ニュージーランドが非常に得意とすることを実行するようお願いします。私たちは創意に富み、実務能力があり、コミュニティー意識の高い国です。こうしたことは生まれて初めての経験かもしれませんが、私たちは団結の仕方を知っていますし、助け合いの仕方も知っています。そして今、それ以上に大事なことがあるでしょうか。ですから、皆さんのこれからの行動に感謝します。

㉗ どうか強く、優しくあってください、そして、一致団結してCOVID-19に立ち向かいましょう。

スピーチ動画 ▶ https://bit.ly/2YDUEyZ

🔍 背景の解説　　　*Background Briefing*

　昨年3月のモスク銃撃事件での迅速かつ断固たる対応が称賛されたジャシンダ・アーダーン。母親の一面も持つ彼女は2018年、国連総会に当時0歳の娘を連れていったことでも注目された。

　同首相は今回、新型コロナウイルスの到来で国が未体験ゾーンに突入しても動じなかった（少なくともそんな気配は見せなかった）。不都合な真実も率直に伝えている。外出規制や店舗の休業が「いつ終わるとは言えない」と語り、一連の対策は感染を slow down させるけれど「止める」ものではないことも認めた。早い段階でそう言われたから国民も納得し、パニックに陥らなかった。その甲斐あってか、NZ政府は今のところウイルスの抑え込みに成功しており、6月9日に国内の行動制限を全て解除している。この調子なら秋の総選挙も乗り切れそうだ。

Together, we will get through this

The Open Government License - Canada   April 12, 2020

TRACK 9

① Hello, everyone. This is an important weekend for a lot of Canadians, and though we can't **celebrate** in groups with our **extended families,** it's important to stay connected **virtually** and **reach out to** our **loved ones.**

② Whether you're **marking Easter, Passover, Tamil New Year,** or **Vaisakhi** — this weekend is a chance to **take a pause** and **reflect on** what really **matters.** To think about where we are and how we got here.

③ We're **facing** really tough **times** right now, **there's no doubt.** But as a country, we've been through tough times before.

④ Just think of what it was like on **Easter Monday** in 1917. Think about the thousands of soldiers from across Canada who ran uphill through **sleet** and **mud** at **Vimy Ridge,** into **enemy fire,** to defend the **values** we **hold dear.** Many **made the ultimate sacrifice** that day.

Vocabulary

Headline Vocabulary
get through　〜を乗り越える、克服する
①————————
celebrate　祝う
extended family　（近親者を含む）拡大家族
virtually　コンピューター上で、

バーチャルで
reach out to　（人）に援助を申し出る
loved one　愛する人、家族
②————————
mark　〜を祝賀する
Easter　イースター、復活祭（キリスト教の行事）

Passover　過越の祭り（ユダヤ教の行事）
Tamil New Year　タミル新年（インドのタミル暦の新年）
Vaisakhi　バイサキ（シーク教とヒンドゥー教の祭り）
take a pause　一息つく
reflect on　〜についてよく考える

ジャスティン・トルドーカナダ首相スピーチ
「一緒に乗り越えよう」

① 皆さん、こんにちは。多くのカナダ人にとって大事な週末です。大勢の親族と一緒に祝うことはできませんが、バーチャルでつながりを保ち、愛する人たちに手を差しのべることが重要になります。

② 皆さんがお祝いするのがイースターであれ、過越(すぎこし)の祭り、タミル新年、もしくはバイサキであれ、今週末は一息ついて、本当に大切なものが何なのかをよく考えてみるいい機会です。私たちが今どこにいて、どうやってここまで来たのかを考えるのです。

③ 私たちは今、本当に厳しい状況に直面しています、そのことは疑いようもありません。ですが、国家として、私たちは過去にも厳しい状況を経験してきました。

④ 1917年のイースターマンデーがどのようなものだったかを考えてみてください。カナダ全土から集まった何千人もの兵士たちが、私たちが大切にする価値観を守るため、ヴィミー丘陵でみぞれと泥にまみれながら、敵の砲火に向かって丘を駆け上ったことに思いをはせてください。彼らの多くはその日、自らの命を犠牲にしました。

---

matter　重要である
③ ———
face　～に直面する
times　（通例、複数形で）時期、状況
there's no doubt　疑いようがない、確実だ

④ ———
Easter Monday　イースターマンデー（Easter Sunday〈復活祭〉翌日の月曜日）
sleet　みぞれ
mud　泥、ぬかるみ
Vimy Ridge　ヴィミー丘陵（フランスの地名。第一次世界大戦でカ

ナダ軍がドイツ軍と戦い激戦の末に勝利したが、多くの犠牲者が出た）
enemy fire　敵の砲火
values　価値観
hold dear　～を大切に思う
make the ultimate sacrifice　究極の犠牲を払う、殉死する

⑤ But their **bravery** and **courage live on**. In our nurses, doctors, **para-medics**, and **custodial workers**. In our **truckers, cashiers,** and all **front-line** workers. They are our heroes now, **standing on the shoulders of** those who came before. And today, we are all being **called upon to** join them and to **serve**.

⑥ **The Greatest Generation** showed us how to fight for what we believe in and how to make sacrifices for what we hold dear. Well, they are **precisely** the ones most at risk now. For them, without **reservation**, without pause, we must fight for **every inch of ground** against this disease. This is our **duty**. This is what will save lives, and help our country **come roaring back**.

⑦ I know that we will **rise to the challenge**. Because as Canadians, we always do.

⑧ There's no question that the coming weeks and months will be hard. This is a fight like most of us have never faced. It will test us all, in our own way.

⑨ This disease has already taken too many people from us. If you've lost a loved one, know that we're **mourning** with you through this incredibly difficult experience.

Vocabulary

⑤ ———
bravery 勇気、勇敢さ
courage 勇気、勇敢さ
live on 生き続ける
paramedic 救急医療隊員
custodial worker 清掃員、管理

人、用務員
trucker トラック運転手
cashier レジ係
front-line 最前線の、現場の
stand on the shoulders of （人）
を手本にする

call upon ～ to *do* …するよう～
（人）に求める
serve （人のために）働く、仕える
⑥ ———
the Greatest Generation 最も偉
大な世代の人々（カナダでは第一次

ジャスティン・トルドー「一緒に乗り越えよう」

⑤ しかし、彼らの勇敢さと勇気は、今も生き続けています。看護師や医師、救急医療隊員、そして清掃員といった人々の中に。トラック運転手やレジ係、そして前線で働く全ての人々の中に。今は、先人たちを手本とする彼らが私たちのヒーローなのです。そして今日、私たち全員が、彼らに倣って役割を果たすことを求められています。

⑥ 最も偉大な世代は私たちに、信じるもののためにどう闘うか、そして大切に思うもののためにどう犠牲を払うのかを教えてくれました。そう、彼ら（今日のヒーローたち）は今まさしく最も高いリスクを背負っています。彼らのために、ためらうことなく、立ち止まることなく、私たちはこの病気とあらゆる場所で闘わなくてはなりません。それこそが、私たちの義務です。それこそが人々の命を救い、私たちの国が再び活性化するための手助けとなるものです。

⑦ 私たちが難題に立ち向かうことは分かっています。なぜならカナダ人として、私たちは常にそうするからです。

⑧ これから迎える数週間、数カ月間が困難なものになることは間違いありません。これは、ほとんどの人がまったく直面したことのないような闘いです。私たち全員が、さまざまな場面で試されることになるでしょう。

⑨ この病気は既に、あまりにも多くの命を私たちから奪っています。もしあなたが大切な人を亡くされたなら、このとてつもなくつらい経験の中、私たちがあなたと共に悼んでいることを知ってください。

世界大戦で戦った人々を称える意味でしばしばこう表す）
precisely まさしく、まさに
reservation 遠慮、不安
every inch of ground あらゆる場所・土地で

duty 義務、務め
come roaring back 再び活性化する
⑦ ———————
rise to the challenge 難題に立ち向かう

⑨ ———————
mourn 喪に服する、哀悼する

⑩ This **pandemic** has taken much from many families, workers, and businesses across our country. If you're having trouble **making ends meet,** know that we're working every day to help you **bridge** to better times. If you're feeling **isolated** or **depressed**, know that there are supports for you. Know that you're not alone. And like so many Canadians before us, we will stand together, **shoulder to shoulder, metaphorically, united** and strong.

⑪ The most important thing to remember is the fact that how we act today and tomorrow will determine how quickly we **defeat** COVID-19.

⑫ This is the challenge of our generation. And **each and every** one of us **has a role to play.** If we all take this seriously, stay apart from each other right now, stay home as much as possible, and listen to our **health experts** — we'll get past this sooner, and stronger than ever.

⑬ When we come out of this — and we will come out of this — we will all **take pride in** the sacrifices we've made to protect each other and to protect the country we love.

Vocabulary

⑩ ————
pandemic　パンデミック、(病気の) 大流行、感染拡大
make ends meet　収支を合わせる、生計を立てる
bridge　橋を架ける
isolated　孤立した

depressed　落ち込んだ、元気のない
shoulder to shoulder　協力して、肩を並べて
metaphorically　たとえて言うと、隠喩的に
united　団結して

⑪ ————
defeat　～を破る、打ち負かす
⑫ ————
each and every　(eachを強調して) どの～もそれぞれ
have a role to play　果たすべき役割がある

ジャスティン・トルドー「一緒に乗り越えよう」

⑩ このパンデミックは、国中の多くの家族、働く人々、そして事業から、多くのものを奪っています。もしあなたがやりくりに苦労しているなら、あなたをよりよい状況に橋渡しするべく、私たちが日々努力していることを知ってください。もしあなたが孤独や憂鬱を感じているなら、あなたのために支援が存在することを知ってください。あなたが独りではないと知ってください。そして多くのカナダ人の先人たちがそうしたように、私たちは共に立ち上がるのです、たとえるなら、肩を並べて、団結し、力強く。

⑪ 覚えておくべき最も重要なことは、私たちが今日や明日にどう行動するかによって、新型コロナウイルス感染症（COVID-19）をいかに早く打ち負かすかが決まるという事実です。

⑫ これは、私たちの世代に与えられた挑戦です。そして、私たち一人ひとりに果たすべき役割があります。もし私たち全員がこれを真剣に捉え、今すぐ互いに距離を保ち、できる限り家にいるようにして、医療専門家たちの言うことを聞けば、これまでにないほど早く、力強く、この危機を克服できるでしょう。

⑬ 私たちがこれを乗り越えた時──そして、間違いなく乗り越えますが──互いを守るため、そして私たちの愛する国を守るために払った犠牲を、誰もが誇りに思うでしょう。

---

health expert 医療の専門家、衛生の専門家
⑬ ─────────────
take pride in 〜を誇りに思う

⑭ To all the kids at home watching, I wanna speak directly to you, as I do every Sunday.

⑮ Thank you, for everything you've been doing to get us here. We're doing OK. I know it doesn't seem that way, and I know it's a scary time. And I know you wanna see your friends. But we're **counting on** you to keep doing your part. To keep staying home, and to keep being there for your moms and dads.

⑯ So many of you are **pitching in**, helping out, and being heroes right now. We need you to keep staying strong because you're a big part of this too. And if there's one thing I know, it's that you**'re up for** this challenge. Together, we will get through this.

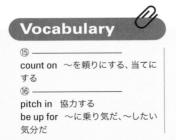

Vocabulary

⑮
count on ～を頼りにする、当てに
する
⑯
pitch in 協力する
be up for ～に乗り気だ、～したい
気分だ

⑭ 家で見てくれている全ての子どもたちに、いつも日曜日にそうしているように、直接お話ししたいと思います。

⑮ 私たちがここまでたどり着けるように、いろいろなことに協力してくれてありがとう。私たちは、なかなかうまくやれています。そう思えないのは分かっているし、怖い状況なのも分かる。それに、友達にだって会いたいよね。でも、皆さんが引き続き自分のするべきことをしてくれると期待しています。これまでどおり家にいて、お母さんやお父さんのそばにいてあげてくれることを。

⑯ とても多くの皆さんが、今、協力し、手助けをして、ヒーローになってくれています。皆さんも大きな役割を担っているのですから、引き続き強い心を持っていてください。そして私に分かっていることが一つあるとすれば、それは、皆さんはこの挑戦に立ち向かう準備ができている、ということです。みんなで一緒に、乗り越えましょう。

スピーチ動画 ▶   https://bit.ly/3hwU5j8

🔍 背景の解説   *Background Briefing*

　このスピーチの1カ月前（3月12日）には、妻ソフィーの感染が判明。夫婦そろって2週間の「自主隔離」生活を送り、その間はテレワークで首相職を淡々とこなした。結果として、国民に強いる犠牲や困難を率先して引き受けた格好で、何事にも inclusive（排除せず受け入れる）であろうとするジャスティン・トルドーらしいエピソードとなった。

　カナダ国民の大半がキリスト教の復活祭を祝った日のスピーチだが、ちゃんとユダヤ教徒の過越の祭りにも、タミル人の新年の祝いにも触れている。医療関係者だけでなく、トラック運転手やスーパーのレジ係の奮闘にも敬意を表した。そして有権者だけでなく、「家でテレビを見ている子どもたち」にも呼び掛けている。見事な目配りと気配り。inclusiveのお手本だ。

Chapter 2 Leadership in the Crisis

当初の予想を超える感染拡大を見せた欧州、そして世界最多の感染者を出しているアメリカ。ここで紹介するのは、イギリスの首相ボリス・ジョンソン、NY州知事のアンドリュー・クオモ、欧州連合 (EU) の行政執行機関である欧州委員会を率いるウルズラ・フォン・デア・ライエンの3人のスピーチだ。

自身もウイルスに感染したジョンソンは、警察による介入も辞さない強い姿勢を見せた。一方、国内で最も深刻な被害が出る中で111日間休まずに会見を行い続けて州民の信頼を得たクオモは、Be responsibleと呼び掛ける。そしてフォン・デア・ライエンは、「一つの欧州」の理念の下での協調を説いている。立場は違えど、それぞれのリーダーシップが感じられるスピーチを聞き比べてほしい。

①

Boris Johnson
ボリス・ジョンソン

1964年、米ニューヨーク生まれ。第77代イギリス首相。保守党党首。幼少期に一家でイギリスに戻り、イートン校からオックスフォード大学に進学。卒業後、記者・編集者を経て政界へ。2001年に議員初当選。2008年〜2016年にロンドン市長を2期務め、2012年のロンドン五輪・パラリンピックも成功させた。EU離脱強硬派で知られ、テリーザ・メイ内閣で外相を務めた。

写真：p.30 ロイター／アフロ
p.31(左) ©Lev Radin/
Pacific Press via ZUMA Wire/
共同通信イメージズ
(右) DPA／共同通信イメージズ

危機管理スピーチに見る リーダーシップ

1957年生まれ。第56代ニューヨーク州知事。民主党所属。フォーダム大学、オールバニ・ロースクールを卒業後、弁護士、NY州の司法長官などを経て2011年より現職。州知事として「同性婚合法化法案」を推進したリベラル派（法案は2011年に発効）。ドナルド・トランプ米大統領にも公然と意見を述べることで知られる。父は第52代NY州知事を務めたマリオ・クオモ。

Andrew Cuomo

アンドリュー・クオモ ②

③

Ursula von der Leyen

ウルズラ・フォン・デア・ライエン

1958年、ベルギー生まれ。欧州委員会委員長。ドイツとイギリスの大学で経済を学んだ後、医学の道へ。婦人科医として活躍し、1990年に、父も所属したドイツのキリスト教民主同盟（CDU）に入党。州政府で大臣を務めた後、2005年よりアンゲラ・メルケル内閣で家族・高齢者・婦人・青少年相、労働・社会相、国防相を歴任。2019年より現職。初の女性委員長となった。

Protect our NHS and save lives

The Open Government Licence v3.0   **March 23, 2020**

① Good Evening. The **coronavirus** is the biggest threat this country has **faced** for **decades** — and this country is not alone. All over the world, we're seeing the **devastating** impact of this **invisible** killer.

② And so, tonight, I want to **update** you **on** the latest steps we're taking to fight the disease and what you can do to help. And I want to begin by reminding you why the UK has been taking the approach that we have.

③ Without a huge national effort to **halt** the growth of this virus, there will come a moment when no health service in the world could possibly **cope** — because there won't be enough **ventilators**, enough **intensive care** beds, enough doctors and nurses. And as we've seen elsewhere, in other countries that also have **fantastic** health care systems, that is the moment of real danger.

Vocabulary

Headline Vocabulary
NHS 国民医療制度 (= National Health Service。イギリスの公的医療制度)
① ─────────
coronavirus コロナウイルス
face 〜に直面する

decade 10年間
devastating 破壊的な、壊滅的な
invisible 目に見えない
② ─────────
update A on B AにBの最新情報を伝える

③ ─────────
halt 〜を停止させる、食い止める
cope 対処する
ventilator 人工呼吸器
intensive care 集中治療
fantastic 素晴らしい、非常に優れた

ボリス・ジョンソン英首相スピーチ
「NHSを守り、命を救おう」

① こんばんは。コロナウイルスはわが国が直面している、ここ数十年で最大の驚異です――それも、わが国だけではありません。世界中で、目に見えない、命を脅かすこのウイルスによる壊滅的な影響が見られます。

② そこで今夜は、この病気と闘うために取ろうとしている最新の対策と、それを助けるために皆さんにしていただきたいことをお伝えしようと思います。まずは、イギリスがなぜこれまでのようなアプローチを取ってきたのか、再確認することから始めましょう。

③ このウイルスの拡大を食い止めるための大規模で国家的な努力なくしては、世界のどんな医療サービスであろうと、どうしても対応できない時が来てしまいます。なぜなら、人工呼吸器も不足し、集中治療ベッドも不足し、医師も看護師も不足してしまうからです。そして他の地域でも目にしてきたとおり、やはり素晴らしい医療システムを持っている他の国でも、そうなればまさに危機の時です。

④ To **put** it **simply**, if too many people become seriously **unwell** at one time, the NHS will be unable to handle it, meaning more people are likely to die, not just from coronavirus but from other illnesses as well.

⑤ So, it's **vital** to slow the spread of the disease. Because that is the way we reduce the number of people needing hospital treatment **at any one time** so we can protect the NHS's ability to cope, and save more lives. And that's why we've been asking people to stay at home during this **pandemic**.

⑥ And though huge numbers are **complying** — and I thank you all — the time has now come for us all to do more.

⑦ From this evening, I must give the British people a very simple instruction — you must stay at home. Because the **critical** thing we must do [is] to stop the disease spreading between **households**.

Vocabulary

④ ——————
put 〜を言い表す、表現する
simply 平易に (p.40⑯4行目は、「ただ単に、とにかく」の意味)
unwell 具合の悪い、体調を崩した
⑤ ——————
vital 極めて重要な、生死に関わる

at any one time どの時点でも
pandemic パンデミック、(病気の)大流行、感染拡大
⑥ ——————
comply 応じる、従う
⑦ ——————
critical 重大な、必須の

household 世帯、同居家族

ボリス・ジョンソン 「NHSを守り、命を救おう」

④ 平たく言うと、一度にあまりにも大勢の人が重篤になると、NHSが対処しきれなくなってしまうのです——つまり、より多くの人が亡くなるであろうということです、コロナウイルスだけでなく他の病気が原因であっても。

⑤ ですから、この病気の感染拡大スピードを抑えることが非常に重要です。これにより、常に病院での治療を必要とする人の数を減らすことができるからです、そうすればNHSの対応能力を守り、より多くの人命を救うことができるのです。だからこそ、このパンデミックの間は家にとどまるよう、皆さんにお願いしてきたわけです。

⑥ 大多数の皆さんがそれを守ってくださっていますが——皆さんには感謝します——今また、われわれ全員がさらなる対策を取るべき時が来ました。

⑦ 今夜から、イギリスの皆さんにとてもシンプルな指示を出さねばなりません——家から出ないでください。というのも、なすべき重要課題は、世帯から世帯への感染を食い止めることだからです。

⑧ That is why people will only be allowed to leave their home for the following very limited purposes:

· shopping for basic **necessities**, as **infrequently** as possible
· one **form of** exercise a day — for example a run, walk, or cycle — alone or with members of your household
· any medical need, to provide care or to help a **vulnerable** person and
· travelling to and from work, but only where this is **absolutely** necessary and cannot be done from home.

⑨ That's all. These are the only reasons you should leave your home. You should not be meeting friends. If your friends ask you to meet, you should say no. You should not be meeting family members who do not live in your home. You should not be going shopping except for **essentials** like food and medicine — and you should do this as little as you can. And use food delivery services where you can.

⑩ If you don't follow the rules, the police will have the powers to **enforce** them, including through **fines** and **dispersing gatherings**.

Vocabulary

⑧ ————
necessities （通例、複数形で）生活必需品
infrequently 低い頻度で
form of 〜の形式、種類
vulnerable （攻撃に対して）弱い、脆弱性のある

absolutely 絶対に、どうしても
⑨ ————
essentials （通例、複数形で）生活必需品
⑩ ————
enforce 〜を執行する、行使する
fine 罰金

disperse 〜を解散させる、追い散らす
gathering 集まり、集会

ボリス・ジョンソン「NHSを守り、命を救おう」

⑧ このため、家から出ることが許されるのは、これから述べるごく限られた目的のためだけとなります：

・ 基本的な生活必需品の買い物、それもできるだけ頻度を減らすこと

・ 1日に1種類の運動——例えば、ランニング、ウォーキング、サイクリング——を、1人で、または同居家族と一緒に

・ 医療の必要がある場合や、看護を行う場合、体の弱い人を介助する場合、そして

・ 職場との往復、ただし、それがどうしても必要で在宅勤務が不可能な場合に限る。

⑨ 以上です。家から出ていい理由はこれだけです。友達と会ってはいけません。友達から会おうと誘われても、ノーと答えてください。同居していない家族と会ってはいけません。食品や薬のような必需品以外の買い物に行ってはいけません——行く場合も、できるだけ回数を減らしてください。また、可能であれば食品配達サービスを利用してください。

⑩ もしこれらのルールに従わない場合、警察は、罰金を科したり集まりを解散させたりして、ルールを実行させる権限を持ちます。

⑪ To ensure **compliance** with the Government's instruction to stay at home, we will immediately:

· close all shops selling non-essential goods, including clothing and electronic stores and other **premises**, including libraries, playgrounds and outdoor gyms, and **places of worship**

· we'll stop all gatherings of more than two people in public — excluding people you live with

· and we'll stop all social events, including weddings, **baptisms** and other ceremonies, but excluding **funerals**.

⑫ Parks will remain open for exercise, but gatherings will be dispersed.

⑬ No prime minister wants to **enact measures** like this. I know the damage that this **disruption** is doing and will do to people's lives, to their businesses and to their jobs. And that's why we've produced a huge and **unprecedented programme** of support both for workers and for business.

Vocabulary

⑪ ——————
compliance 順守
premise 施設、場所
place of worship 礼拝所、宗教施設
baptism 洗礼 (式)
funeral 葬儀

⑬ ——————
enact ～を成立させる、制定する
measures （通例、複数形で）手段、対策
disruption 混乱
unprecedented 前例のない、今までに例のない

programme プログラム（イギリス式つづり。アメリカ式ではprogram）

ボリス・ジョンソン「NHSを守り、命を救おう」

⑪ 政府からの在宅指示を確実に順守してもらうために、以下のことを直ちに行います：

・ 衣料品や電化製品店を含めて必需品ではないものを売っている全ての店と、図書館や遊び場や屋外のアスレチックジム、礼拝堂などの施設を閉鎖する

・ 公共の場での、同居家族以外の3名以上の集まりを全て禁止する

・ そして、結婚式や洗礼式などの儀式を含む社交的行事は全て禁止する、ただし葬儀は除く。

⑫ 公園は運動のために引き続き開放しますが、集まりは解散させます。

⑬ このような対策の実施を望む首相はいません。この急激な変化が人々の生活や経済活動や仕事に与えている、そして今後与えるであろう損害は、私も承知しています。そして、だからこそわれわれは労働者と事業者の双方に向けた大規模で前例のない支援プログラムを策定しました。

Chapter 1

Chapter 2

Chapter 3

⑭ And I can assure you that we will keep these **restrictions** under constant review. We will look again in three weeks, and relax them if the **evidence** shows we are able to.

⑮ But at present, there are just no easy options. The way ahead is hard, and it is still true that many lives will sadly be lost.

⑯ And yet it is also true that there is a clear way through. Day by day, we are **strengthening** our **amazing** NHS with 7,500 former **clinicians** now coming back to the service. With the **time** you **buy** by simply staying at home, we are increasing our stocks of **equipment**. We are **accelerating** our search for treatments. We're **pioneering** work on a **vaccine**. And we are buying millions of testing kits that will enable us to **turn the tide** on this invisible killer.

⑰ I wanna thank everyone who is working **flat out** to **beat** the virus. Everyone from the supermarket staff to the transport workers to the **carers** to the nurses and doctors on the **front line**.

Vocabulary

⑭ ─────
restriction 制限、制約
evidence 証拠、根拠
⑯ ─────
strengthen ～を強化する、増強する
amazing 驚くような、素晴らしい

clinician 臨床医
buy time 時間を稼ぐ
equipment 装置、機材
accelerate ～を加速させる
pioneer ～を開発する、先導する
vaccine ワクチン
turn the tide 潮の流れを変える、

形勢を一変させる
⑰ ─────
flat out 全力を尽くして
beat ～を打ち負かす、克服する
carer 介護者
front line 最前線、現場

⑭ また、これらの制限は常に見直しを行うことをお約束します。3週間後にもう一度様子を見て、緩和できるという確証が得られれば緩和します。

⑮ しかし今現在は、楽な選択肢はありません。この先の道は険しく、残念なことに多くの命が失われるであろうことも、やはり事実です。

⑯ それでも、乗り越える道がしっかりあることもまた事実です。現在7500人の元臨床医が現場に戻ってきてくれており、わが国の素晴らしいNHSの増強が日々なされています。皆さんが──とにかく家から出ないことで──稼いでくださる時間を使って、(医療)機器の在庫を増やします。治療法の研究を加速します。ワクチンの開発を進めます。そして、数百万個の規模で検査キットを購入します。そうすることで、この目に見えない殺人ウイルスの流れを変えることができます。

⑰ このウイルスを撃退するために全力で闘っている皆さんに感謝したいと思います。スーパーマーケットの従業員から運輸業者、介護関係者、最前線にいる看護師や医師といった皆さんに。

⑱ But in this fight, we **can be in no doubt that each and every** one of us is **directly enlisted.** Each and every one of us **is** now **obliged to** join together to halt the spread of this disease, to protect our NHS and to save many many thousands of lives.

⑲ And I know that as they have in the past so many times, the people of this country will rise to that **challenge,** and we will **come through** it stronger than ever. We will beat the coronavirus and we will beat it together.

⑳ And therefore, I **urge** you at this moment of national **emergency** to stay at home, protect our NHS and save lives. Thank you.

Vocabulary

⑱ ───────────
can be in no doubt that 〜であることは疑いようもない、〜なのは間違いない
each and every （eachを強調して）どの〜もそれぞれ
directly 直ちに

enlist 〜を（戦力として）募る、〜に協力を求める
be obliged to *do* 〜する義務がある
⑲ ───────────
challenge 難題、困難
come through 〜を切り抜ける、

耐え抜く
⑳ ───────────
urge 〜に強く促す、要請する
emergency 非常事態、緊急事態

ボリス・ジョンソン 「NHSを守り、命を救おう」

⑱ ですが、この闘いでは、紛れもなく私たち一人ひとりの協力が直ちに必要とされています。私たち一人ひとりが今、力を合わせなければなりません、この病気の感染拡大を食い止めるために、そしてNHSを守り、何千何万という命を救うために。

⑲ 私は確信しています、過去に幾度もそうしてきたように、この国の人々はこの困難にも立ち向かうだろうと、そして、私たちはこれまで以上の強さで乗り越えるだろうと。私たちはコロナウイルスに勝ちます、力を合わせて勝つのです。

⑳ ですから、ぜひお願いします、国家の非常事態であるこの時、家から出ないようにして、NHSを守り、人命を救ってください。ご清聴ありがとうございました。

スピーチ動画 ▶ https://bit.ly/2YANzyX

🔍 背景の解説　　*Background Briefing*

　本書に収めたスピーチはいずれも3月〜4月半ばのものだから、（中国と韓国、イタリアを除き）世界はウイルスの本格的襲来が始まった段階にあった。国民生活や経済に深刻な影響が出ていないこの段階で指導者が何をどう語ったかによって、その後の国民の反応に違いが出た。

　イギリスの場合、ボリス・ジョンソン首相はこのスピーチの数日後に感染が判明。4月5日に救急搬送されてICUの治療を受け、どうにか一命を取り留めた。医療システムに過度な負担を掛けないよう、感染予防に努めてくれと呼び掛けた直後に、自分が医療の世話になった。政治的観点ではマイナスであろうが、人間味あふれる退院スピーチは大きな感動を呼んだ。しかしその後、側近が外出規制を無視して遠出したことが判明。国民から猛反発の声が上がった。

We will not return to yesterday

Government of New York　　　　　　April 8, 2020

① Good afternoon to everyone. These are stressful, **emotional** times as we know. And today is a day in the State of New York with very **mixed** emotions based on two very different pieces of **information** we have. I'm trying to **work through** the mixed emotions for myself, so I'll just present the facts and then we'll go from there.

② There is good news in what we're seeing that what we have done and what we are doing is actually working and it's **making a difference.** We took dramatic actions in this state. We [did the] New York PAUSE program to **close down** schools, businesses, **social distancing,** and it's working. It is **flattening** the **curve** and we see that again today **so far.**

③ Meaning what? Meaning that curve is flattening because we are flattening the curve by what we are doing. If we stop what we are doing, you will see that curve change. That curve is purely a **function** of what we do **day-in and day-out.**

Vocabulary

①————
emotional　気持ちを揺さぶられる、感情的な
mixed　複雑に入り混じった
information　情報（不可算名詞のため通常は無冠詞で、複数形はとらない）

work through　〜を何とかして切り抜ける、やり遂げる
②————
make a difference　違いを出す、結果を出す
close down　〜を閉鎖する
social distancing　ソーシャル・

ディスタンシング（人との間に物理的な距離を取ること）
flatten　（傾斜など）を緩やかにする、平らにする
curve　カーブ、曲線
so far　今までのところ

アンドリュー・クオモNY州知事スピーチ（抜粋）
「昨日に戻ることはできない」

① 皆さん、こんにちは。ご存じのとおり、ストレスがたまり気持ちが揺れる毎日です。そして今日のニューヨーク州には2つの大きく異なる情報があり、複雑な心境です。私自身、この複雑な思いを何とかしたいので、まずは事実をお伝えし、そこから話を進めましょう。

② いいニュースとしては、私たちのしてきたこと、していることが効いていて、違いが目に見えて表れています。わが州は大胆な措置を取りました。「ニューヨーク・ポーズ（一旦停止）」という行動計画で、学校や商店の閉鎖やソーシャル・ディスタンシングを求めましたが、その成果が出ています。（感染者数や入院者数の推移を示すグラフの）カーブが緩やかになっており、今日も、現時点までのところそれは同じです。

③ これが何を意味するか。カーブが緩やかになっているのは、私たちがするべきことをすることによってカーブを緩やかにしているからだ、ということです。その行動をやめたら、カーブは変わってくるでしょう。このカーブは、純粋に私たちが日々していることと相関しているんです。

③ ─────
function 関数、相関関係
day-in and day-out 明けても暮れても、今日も明日も

④ There's a big **caution sign** — that's if we continue doing what we're doing. If we continue doing what we're doing. We are flattening the curve because we are **rigorous** about social distancing, **et cetera**. So if we continue doing what we're doing, then we believe the curve will continue to flatten.

⑤ But, it's not a time to get **complacent**. It's not a time to do anything different than we've been doing. Remember what happened in Italy when the entire health care system became **overrun**.

⑥ So we have to remain **diligent**, we have to remain **disciplined** going forward. But there's no doubt that we are now bending the curve and there's no doubt that we can't stop doing what we're doing. That's the good news.

⑦ The bad news isn't just bad, the bad news is actually terrible. Highest single-day **death toll** yet, 779 people. When you look at the numbers on the death toll, it has been going steadily up. And it reached the new height yesterday.

Vocabulary

④ ——————
caution sign 警告のサイン、標識
rigorous 厳密な、厳格な
〜, et cetera 〜など
⑤ ——————
complacent 油断した、気を緩めた

overrun いっぱいになって、あふれかえって
⑥ ——————
diligent 勤勉な、手抜きをしない
disciplined 規律のある
⑦ ——————
death toll 死亡者数

④ ただし大きな警告のサインがあります——それは、「もしも、私たちが今していることを続けるならば」ということです。もしも、私たちが今していることを続けるならば。カーブが緩やかになってきたのは、私たちがソーシャル・ディスタンシングといったことに本気で取り組んでいるからです。つまり、今していることを続けるならば、カーブはどんどん平らになっていくでしょう。

⑤ でも、まだ油断する時ではありません。今までと違うやり方をする時ではないのです。イタリアで何が起きたかを思い出してください、医療システム全体が壊滅してしまったことを。

⑥ ですから、私たちは引き続き真面目に取り組み、引き続き規則を守って前に進まなくてはなりません。ただ、カーブが緩やかになってきたのは間違いありませんし、今していることをやめてはいけないのも間違いありません。ここまでが、いいニュースです。

⑦ 悪いニュースは単に悪いだけでなく、実のところひどいニュースです。1日の死亡者数は最悪で、779人でした。死亡者数を見てみると、その数は増え続けています。そして昨日、最多の記録を更新しました。

⑧ The number of deaths, as a matter of fact, the number of deaths will continue to rise as those **hospitalized** for a longer period of time **pass away**. The longer you are on a **ventilator**, the less likely you will come off the ventilator.

⑨ **Dr. Fauci** spoke to me about this and he was 100 percent right. The **quote unquote lagging indicator** between hospitalizations and deaths. The hospitalizations can start to drop, but the deaths actually increase because the people who have been in the hospital for 11 days, 14 days, 17 days pass away. That's what we're seeing. Hospitalizations drop and the death toll rises.

⑩ I understand the science of it. I understand the facts and the logic of it. But it is still incredibly difficult to **deal with**. Every number is a face, right? And that's been painfully obvious to me every day.

⑪ But we have lost people, many of them **front-line** workers, many of them health care workers, many of them people who were doing the essential functions that we all needed for society to go on, and they were **putting themselves at risk**. And they knew they were.

Vocabulary

⑧ ————
hospitalize ～を入院させる
pass away 死去する、亡くなる
ventilator 人工呼吸器
⑨ ————
Dr. (Anthony) Fauci アンソニー・
ファウチ博士 (国立アレルギー感

染症研究所長。政府の新型コロナ
ウイルス対策チームの一員で、トラ
ンプ大統領にこびることなく発言
し広く国民の信頼を得ている)
quote unquote 引用始め・終わり
(書き言葉であれば引用符で囲む
べき部分 [ここではlagging indi-

cator]を指し示す表現)
lagging indicator 遅行指標、統
計などに表れる数値の時差
⑩ ————
deal with ～を扱う、処理する
⑪ ————
front-line 最前線の、現場の

⑧ 死亡者数については実際のところ、今後も増え続けるでしょう。長く入院している人々が亡くなっていくからです。人工呼吸器を装着する日数が長ければ長いほど、それなしで生きていける可能性は低くなります。

⑨ このことはファウチ博士から聞いたのですが、まったくもって彼の言うとおりでした。博士の言葉を引用しますと、入院者数と死亡者数の間には「遅行指標」があります。入院者数が減り始めても、死亡者数は増えてしまう。11日間、14日間、17日間と入院していた人が亡くなっていくからです。実際、そうした状況になっています。入院者数が減っても死亡者数は増えるのです。

⑩ 科学としては理解できます。その事実も論理も理解できます。ただ、受け入れるのはとても難しいことです。（死者の）数の一つ一つが、顔を持っていますよね。そのことを、私は日々痛感しています。

⑪ 多くの人々が亡くなりました。その多くは最前線で働く人たちであり、医療現場で働く人たちであり、社会を動かすのに不可欠な役割を果たしている人たちでした。彼らは自らをリスクにさらしていました。そのことを自覚してもいました。

put *one*self at risk　自分をリスク
にさらす

Chapter 1

Chapter 2

Chapter 3

⑫ Many of them **vulnerable** people who this **vicious predator** of a virus targeted from day one. This virus attacked the vulnerable and attacked the weak. And it's our job as a society to protect those vulnerable. And that's what this has always been about from day one, and it still is about.

⑬ Be responsible, not just for yourself, but to protect the vulnerable. Be responsible, because the life you risk may not be your own. Those people who walk into an **emergency room** every day and put themselves at **peril**, don't make their situation worse. Don't infect yourself or infect someone else, or their situation becomes more dangerous.

⑭ Just **to put a perspective** on this, 9/11, which so many of us **lived through** in this state and in this nation, 2,753 lives lost. This crisis we've lost 6,268 **New Yorkers**. I'm going to direct all **flags** to be **flown at half-mast in honor of** those who we have lost to this virus.

⑮ Big question from everyone, from my daughters, I'm sure around most people's dinner table — when will things go back to the way they were? I don't think it's about going back. I don't think it's ever about going back.

Vocabulary

⑫ ———
vulnerable （攻撃に対して）弱い、脆弱性のある
vicious あくどい、忌まわしい
predator 捕食者
⑬ ———
emergency room 緊急治療室

peril 危険、危機
⑭ ———
to put a perspective 比較のために、広い視野で見るために
live through （困難など）を生き延びる
New Yorkers ニューヨーク州民

（一般には「ニューヨーク市民」を指すが、ここは州知事としての発言なので州民を指す）
fly a flag at half-mast 半旗を掲げる
in honor of ～に敬意を表して

アンドリュー・クオモ「昨日に戻ることはできない」

⑫ その多くは体の弱い人たちで、この忌まわしいウイルスは彼らを真っ先に襲いました。このウイルスは、もともと病気にかかりやすい、体の弱い人たちを襲ったのです。私たちの役目は、そうした弱者を社会全体で守ることです。最初からそうでしたし、今でもそうです。

⑬ 責任ある行動を取りましょう、自分のためだけでなく、弱い人たちを守るためにも。責任ある行動を取りましょう、なぜなら自分以外の誰かをリスクにさらす恐れがあるからです。日々、緊急治療室に足を踏み入れ、自らを危険にさらしている人たちがいます、彼らの状況を悪化させないでください。どうか自分が感染しないように、他人を感染させないようにしてください。さもないと、彼らの状況はどんどん悪くなります。

⑭ 比較のために申し上げますが、9・11──この国、この州であまりに多くの人がつらい思いをしたあのテロで、(ニューヨーク州では)2753人の命が奪われました。今回の危機では、6268人の州民が亡くなっています。このウイルスによって亡くなった方々を悼み、全ての国旗を半旗にして掲げるよう指示するつもりです。

⑮ みんなから質問されます、娘にも聞かれましたし、皆さんの食卓でも聞かれていることでしょう。いつになったら以前の状態に戻れるのか、と。でも私は、戻ることは考えていません。戻ることはもうないでしょう。

⑯ I think the question is always about going forward, and that's what we have to deal with here. It's about learning from what we've experienced and it's about growing and it's about moving forward.

⑰ Well, when will we return to normal? I don't think we return to normal. I don't think we return to yesterday, where we were. I think if we're smart, we achieve a **new normal**. The way we are understanding a new normal **when it comes to** the economy and a new normal when it comes to the environment. Now we understand the new normal **in terms of** health and **public health** and we have to learn just the way we've been learning about the new normal in other aspects of society.

⑱ **Testing capacity** which we still have to develop — that is going to be the bridge from where we are today to the new economy in my opinion. It's going to be a testing-informed transition to the new economy, where people who have the **antibodies**, people who are **negative**, people who have **been exposed** and now are better, those are the people who can go to work and you know who they are because you can do testing. But that, we've all developed a sense of scale over the past few weeks in dealing with this.

Vocabulary

⑰ ————————
new normal 新しい日常、ニューノーマル（2007〜'08年の世界的金融危機に端を発して生まれた新語で、その後さまざまな事象に用いられるようになった）
when it comes to 〜に関しては

in terms of 〜の点では
public health 公衆衛生
⑱ ————————
testing capacity 感染検査能力
antibody （特定のウイルスに対する）抗体
negative 陰性の

be exposed さらされる、攻撃を受ける

⑯ 問題は常に、いかにして前へ進むかだと思います。それこそが、私たちが今なすべきことです。大事なのは自分たちの経験から学ぶことであり、成長することであり、前へ進むことです。

⑰ それで、いつになったらノーマルに戻れるのか？　私は、ノーマルに戻ろうとは思いません。昨日、自分たちがいたところへ戻るのだとは思いません。私たちが賢ければ、ニューノーマルを実現できます。経済に関して、環境問題に関して、私たちはニューノーマルを理解しつつあります。今度は、健康と公衆衛生の分野でもニューノーマルを理解するのです。だから学ばなければなりません、これまで社会のさまざまな場面でニューノーマルについて学んできたのと同じように。

⑱ 感染検査の能力は、まだまだ上げねばなりません。検査が現状と新しい経済をつなぐ架け橋になると、私は考えます。検査の情報を踏まえながら新しい経済へ移行するのです、そこではウイルスへの抗体を持っている人、陰性の人、過去に感染したけれど今は回復している人、そうした人々が働けます。誰が該当するかは、検査をすれば分かります。ただ、この数週間対応していく中で、その規模感がいかほどかを私たちは皆思い知らされてきました。

⑲ There's also lessons to be learned — why are more African-Americans and **Latinos** affected? We're seeing this around the country. Now the numbers in New York are not as bad as the **disparities** we see in other places across the country but there still are apparently disparities.

⑳ Why? Well, **comorbidity** — I understand that. But I think there's something more to it. You know, it always seems that the poorest people **pay the** highest **price**. Why is that? Why is that? Whatever the situation is, natural disaster, **Hurricane Katrina**, the people standing on those rooftops were not rich White people. Why? Why is it that the poorest people always pay the highest price?

㉑ But let's **figure** it **out**. Let's do the work. Let's do the research. Let's learn from this moment, and let's learn these lessons, and let's do it now.

㉒ We're also going to make an additional $600 payment to all unemployed New Yorkers. The federal government says they will **reimburse** us **for** it, but people need money now in their pocket. So New York will be doing that immediately.

Vocabulary

⑲ ————
Latino ラティーノ、中南米系の人々
disparity 不一致、格差、違い
⑳ ————
comorbidity 併存症、併存疾患（ある病気の患者が別の病気を併存している状態。一般論として、併存症のある人が新たな病気に感染すると症状が重篤化しやすく、致死率も高まるとされる）
pay the price 代償を払う
Hurricane Katrina ハリケーン・カトリーナ（2005年8月末にアメリカ南東部を襲い、大きな被害をもたらした巨大ハリケーン）
㉑ ————
figure ~ out ～を解決する
㉒ ————
reimburse A for B AにBの賠償をする、払い戻しをする

⑲ 他にも学ぶべきことがあります——なぜアフリカ系アメリカ人やラティーノに感染者が多いのでしょう? これはアメリカ各地で見られる傾向です。今のところ、ニューヨークの数字はよそほどひどく違いませんが、それでも違いは目に見えています。

⑳ なぜか? そうですね、併存症——これは分かります。でも、それだけではないと思うのです。いつだって、一番貧しい人が一番大きな犠牲を払っているように思えます。なぜ? なぜなのでしょう? どんな場合も、自然災害においても、ハリケーン・カトリーナの時だって、屋根の上で助けを求めているのは裕福な白人ではありませんでした。なぜ? なぜ、一番貧しい人が一番大きな犠牲を払わされるのか?

㉑ 答えを探しましょう。取り組みましょう。調査しましょう。この瞬間から学び、教訓を得て、行動に移しましょう。

㉒ 私たちはまた、ニューヨーク州内の失業者全てに追加で600ドルを支給します。この費用は後で支払うと連邦政府は言っていますが、直ちに現金を必要とする人々がいます。だから、ニューヨーク州は今すぐ実行します。

㉓ We're also extending the period **covered** by **unemployment bene-fits** for an additional 13 weeks. Goes from 26 weeks to 39 weeks. So that should be **a relief.**

㉔ But thank you to all the New Yorkers for all they've done and we still have more to do. We are **by no means out of the woods.** And do not misread what you've seen in that data and on those **charts.** That is a pure product of our actions and behavior. If we behave differently, you will see those numbers change.

㉕ I just doubled the **fine** on **disobeying** the social distancing rules. Why? Because, **if anything,** we have to get more diligent, not less diligent, and we have more to do.

㉖ And that's New York — **tough,** but tough is more than just tough. Tough is smart and disciplined and **unified,** and tough is **loving.** The toughest guys are tough enough to love, right?

Vocabulary

㉓ ————————
cover ～をカバーする、補償対象
とする
unemployment benefits 失業給
付金
(a) relief 安心

㉔ ————————
by no means 決して～でない
out of the woods 森を抜けて、危
機を脱して
chart 図表
㉕ ————————
fine 罰金

disobey ～に従わない、違反する
if anything どちらかと言えば、そ
れよりもむしろ
㉖ ————————
tough タフな
unified 団結した
loving 愛情のある

㉓ 失業保険金の対象となる期間も、さらに13週間延長します。26週から39週となります。少しは助けになるはずです。

㉔ これまで協力してくれた州民の皆さんに感謝します。引き続きやるべきことがあります。まだまだ危機を脱したわけではありません。そして、今日お伝えしたデータやチャートを、どうか読み違えないでください。これらは純粋に、私たちの行動と振る舞いの産物なのです。これまでと違う振る舞いをすれば、これらの数字は変わってしまうでしょう。

㉕ 先ほど私は、ソーシャル・ディスタンシングのルール違反に対する罰金を倍にしました。なぜでしょう？ 私たちは気を緩めるどころか、むしろよりいっそう引き締めなくてはいけないからです。まだまだやるべきことがあります。

㉖ そして、それこそがニューヨークです——タフだけれども、単にタフというだけではないタフさです。タフとは賢く、規律正しく、団結すること、タフとは愛すること。最高のタフガイは愛することにもタフ、ですよね？

スピーチ動画▶ https://bit.ly/2Yz0W2K

🔍 背 景 の 解 説　　*Background Briefing*

音声だけでなく、ぜひともYouTubeの映像を見ていただきたい。決してデジタル世代ではない62歳のアンドリュー・クオモが、スライドを使いながら実直に説明している。前大統領バラク・オバマの華も、現大統領ドナルド・トランプの毒もないかもしれないが、それがかえって聞き手に安心感を与える。

しかも、ツボはちゃんと押さえている。これ

からが本番だ、この先に最悪の事態が来るぞと警告している。イタリア系のクオモが「（感染爆発で医療崩壊を招いた）イタリアの例を覚えていますね」と語るくだりは何とも言いがたい。そして9・11テロとの比較。さらに「貧困層に犠牲者が多い理由」を考えてほしいという問い掛け。自分の答えをあえて押し付けようとしない謙虚さがいい。

Chapter 2
3

Only by helping each other

European Commission 2020

March 26, 2020

① **Honourable Members,**

The **outbreak** of the **coronavirus** is **first and foremost** a **public health** emergency. And we will **stop at nothing to** save lives.

② To do that, we are lucky to have and to be able to rely on the best **health care professionals** in the world. From **Milan** to **Madrid** and beyond, they are producing miracles every single day.

③ But as we have seen — both there and elsewhere — the scale of the outbreak is **stretching them to the breaking point.** They urgently need the **equipment,** the right equipment, they need the right amount of it, and they need it right now.

④ But instead of that, what we saw was **crucial** equipment stuck in **bottleneck[s]** or at borders for days.

⑤ And this is why we had to take matters into our own hands as far as we could to release these **blockades.**

Vocabulary

① ―――――――
Honourable 閣下、〜様（主にイギリスで用いられる議員などへの敬称。イギリス式のつづり。アメリカ式はhonorable）
Members（本スピーチは、欧州議会本会議で行われたもの。同議会

はEUの立法機関で、27の加盟各国の選挙で選出された議員で構成されている）
outbreak 突発的発生、感染爆発
coronavirus コロナウイルス
first and foremost 何よりもまず
public health 公衆衛生

stop at nothing to *do* 〜するためなら何でもする
② ―――――――
health care professional 医療専門家
Milan ミラノ
Madrid マドリード

ウルズラ・フォン・デア・ライエン欧州委員長スピーチ（抜粋）
「EU加盟国の助け合いが不可欠」

① 欧州議会議員の皆様、

コロナウイルスの突発的感染拡大は、何よりもまず公衆衛生上の緊急事態です。そして私たちは、命を救うためには何でもします。

② そうする上で、幸運にも私たちには世界最高峰の医療専門家がいて、彼らに頼ることができます。ミラノからマドリード、そしてその先で、彼らは来る日も来る日も奇跡を生み出しています。

③ ですが、既に見てきたとおり―― それらの土地で、そしてそれ以外の場所でも――大流行の規模が彼らを極限まで酷使しています。彼らは機器を、適切な機器を緊急に必要としています。適切な量を、今すぐ必要としているのです。

④ ところが私たちが目の当たりにしたのは、重要な機器が何日も障壁により、あるいは国境で滞っている様でした。

⑤ そしてこれこそ、これらの障害を取り除くために、委員会が自ら行える最大限の対応をする必要があった理由です。

③ ―――――――――
stretch *someone* **to the breaking point** （人）を極限まで働かせる
equipment 備品、機器
④ ―――――――――
crucial 重要な

bottleneck ボトルネック、障壁
⑤ ―――――――――
blockade 封鎖、障害（物）

⑥ This is why we are creating the first ever European **stockpile** of medical equipment, such as **ventilators,** masks and **lab supplies. The Commission** will finance 90 percent of this stockpile through RescEU.

⑦ This is why we **launched** several joint **procurement[s]** with **Member States** for **testing kits,** ventilators and **protective equipment.** Twenty-five Member States joined the **latter.**

⑧ And there **are** good news: since Tuesday, we know that their demands for masks, gloves, **goggles, face-shields** can be matched by the producers. The first deliveries should start in the coming weeks.

⑨ And because knowledge saves lives in a **pandemic,** we set up a European team of scientists, experts to help us come up with **coordinated measures** that we all can follow.

⑩ I personally **chair** these discussions twice a week. Doing so has only deepened my **conviction** that we will need to **draw on** all that makes us strong to get through this together and then to get back on our feet again.

Vocabulary

⑥
stockpile 備蓄
ventilator 人工呼吸器
lab 研究所、実験室 (laboratory の省略形)
supplies （通例、複数形で）供給品、備品

The Commission （The European Commission〈欧州委員会〉のこと）
RescEU レスクEU（自然災害に対して欧州レベルで備える危機管理制度）

⑦
launch ～を開始する
procurement （必需品の）調達
member state 加盟国
testing kit 検査キット
protective equipment 防護具
latter 後者

ウルズラ・フォン・デア・ライエン「EU加盟国の助け合いが不可欠」

⑥ だからこそ、私たちは史上初となるヨーロッパの備蓄を作ることにしました、そこには人工呼吸器、マスク、実験器具などの医療機器が含まれます。委員会は「レスクEU（RescEU）」を通じて、この備蓄の90％を助成します。

⑦ だからこそ私たちは加盟国と共に、検査キット、人工呼吸器、防護具の共同調達を開始したのです。25の加盟国がこの後者の取り組みに参加しました。

⑧ そして朗報もあります。火曜日以降、参加国において、マスク、手袋、ゴーグル、フェイスシールドの需要に生産者が対応できることが分かっています。数週間のうちに最初の出荷が始まるはずです。

⑨ そして、パンデミックにおいては知識が人命を救うことから、私たちはヨーロッパの科学者と専門家のチームを立ち上げました、彼らは皆が従うことのできるまとまった対策の提案を手助けしてくれます。

⑩ 私自身が週2回、これらの討議で議長を務めています。そうすることで、この危機を共に乗り越え再び立ち上がるために、私たちは自らを強くする全てのものを活用しなければならない、という確信がさらに深まりました。

---

⑧ ─────────
are （正しくはis）
goggle ゴーグル
face-shield フェイスシールド
⑨ ─────────
pandemic パンデミック、（病気の）大流行、感染拡大

coordinated 協調的な、組織的な
measures （通例、複数形で）方策、対策、措置
⑩ ─────────
chair 〜の議長を務める
conviction 確信
draw on 〜を活用する

⑪ And we have no stronger **asset** for this than our unique Single Market. A successful European response can only be **coordinated** if our **Internal Market** and our **Schengen area** work the way **it** should.

⑫ A crisis without borders cannot be **resolved** by putting barriers between us. And yet, this is exactly the first **reflex** that many European countries had. This simply makes no sense. Because there is not one single Member State that can **meet** its own needs when it comes to **vital** medical supplies and equipment. Not one.

⑬ The free movement of goods and services is therefore our strongest, and frankly, our only asset to ensure supplies can go where they are needed most. It makes no sense that some countries **unilaterally** decided to stop **exports** to others in the Internal Market.

⑭ And this is why the Commission **intervened** when a number of countries blocked exports of protective equipment to Italy.

Vocabulary

⑪ ——————
asset 利点、強み
coordinate ～を調整する、まとめる
internal market 域内市場
Schengen area　シェンゲン圏（シェンゲン協定が適用される26

の国の領域。シェンゲン協定は、加盟国間で出入国審査を行わず国境を越えることを可能にするもの）
it （正しくは they）
⑫ ——————
resolve ～を解決する、解消する
reflex 反射行動

meet （要望など）を満たす
vital 極めて重要な
⑬ ——————
unilaterally 一方的に
export 輸出
⑭ ——————
intervene 仲裁に入る

ウルズラ・フォン・デア・ライエン 「EU加盟国の助け合いが不可欠」

⑪ そして、そうする上で、他に類を見ない私たちの単一市場ほど大きな強みはありません。ヨーロッパの対応が成功を収めるためには、私たちの域内市場とシェンゲン圏が本来あるべき形で機能することが不可欠なのです。

⑫ 国境を超えた危機は、国と国の間に障壁を設けることでは解決できません。しかしながら、多くのヨーロッパ諸国が最初に見せた反射的な行動が、まさにそうしたものでした。これはまったく意味をなしません。なぜなら、生命に関わる医療器具と機器に関して言えば、自国で需要を満たすことができる加盟国は1カ国もないからです。1カ国も、です。

⑬ したがって、物とサービスの自由な移動は、最も必要とされている所に物資を確実に届ける上で、私たちが持つ最も強固な、そして率直に言って唯一の強みなのです。幾つかの国が枠内市場における他国への輸出を一方的に止めると決定したことは、まったく意味をなしません。

⑭ そしてだからこそ、数カ国がイタリアへの防護具輸出を妨げた際、委員会が仲裁に入ったのです。

⑮ It is why we **issued guidelines** for border measures to protect health and keep goods and **essential services** available.

⑯ It is why we are **calling for priority 'green lanes'** for transport of goods. These will ensure that crossing the border takes no more than 15 minutes. And they will help ensure that goods and **supply** can go where they are needed and we all can avoid **shortages.**

⑰ It **pains** me that we had to do this, but our coordinated approach is now **bearing fruit.** The Internal Market is already functioning better.

⑱ And we all **welcome** the news that hospitals in **Saxony** took patients from **Lombardy,** while others from the 'Grand Est' in France are now being treated in **the Grand Duchy in Luxembourg.** This only goes to prove that it is only by helping each other that we can help ourselves.

Vocabulary

⑮ ─────────
issue ～を発行する
guideline ガイドライン、指針
essential services 社会生活の維持に不可欠な事業
⑯ ─────────
call for ～を(公に)求める

priority 'green lanes' 優先「グリーン・レーン」
supply (正しくはsuppliesと複数形)
shortage 不足
⑰ ─────────
pain (人)に苦痛を与える、(人)を

苦しめる
bear fruit 実を結ぶ
⑱ ─────────
welcome ～を歓迎する
Saxony ザクセン(ドイツの連邦州)
Lombardy ロンバルディア(イタ

ウルズラ・フォン・デア・ライエン「EU加盟国の助け合いが不可欠」

⑮　だからこそ、健康を守り、物資や必要不可欠なサービスの提供が確保されるよう、私たちは国境措置に関する指針を発行したのです。

⑯　だからこそ私たちは、物資の輸送のための優先「グリーン・レーン」を求めているのです。これらの措置によって、確実に15分以内に国境を越えられるようになります。そしてこれらは、物資や供給品が必要とされている所に確実に届き、私たち皆が不足を回避するのに役立つでしょう。

⑰　これを実行しなくてはならなかったということがつらいのですが、私たちの協調的な取り組みは今や実を結んでいます。枠内市場は既に、以前よりうまく機能しています。

⑱　そして、ザクセンの病院がロンバルディアからの患者を受け入れたこと、またフランスの「グラン・テスト」の患者が現在ルクセンブルク大公国で治療を受けているというニュースを、私たち全員が歓迎しています。これは、私たちがお互いを助けることによってのみ、自らを助けることができるということの証明に他なりません。

リアの州）
'Grand Est' グラン・テスト（フランスの地域圏）
the Grand Duchy of Luxem-bourg ルクセンブルク大公国（inではなくofが正しい）

⑲ Honourable Members,

The whole set of measures that we have taken reflects the **unprecedented** situation we're all in. But as I said earlier, the people of Europe are watching what happens next. And they of course want us to do everything we can to save as many lives as we can.

⑳ But they are also thinking about the day after. They are thinking about what job will they have to go back to, what will happen to their business and to their employers. What will happen to their savings and their **mortgage**? They will worry about their parents, their **neighbour**, their local community. They will know that their governments had to make difficult decisions to save lives — yes.

㉑ But they will also remember who **was there for** them — and who was not. And they will remember those that acted — and those who did not. And they will remember the decisions that we take today — or those we will not.

㉒ The point is that sometime soon there will be a day after. And our job is to make sure that on that day — and on all that follow it — **the European Union** is there for those that need it. What we do now really **matters**.

Vocabulary

⑲ ——————————
unprecedented 前例のない、空前の
⑳ ——————————
mortgage 抵当、住宅ローン
neighbour 隣人（イギリス式のつづり。アメリカ式はneighbor）

㉑ ——————————
be there for （人）の力になる
㉒ ——————————
the European Union 欧州連合
matter 重要である

ウルズラ・フォン・デア・ライエン 「EU加盟国の助け合いが不可欠」

⑲ 議員の皆様、

私たちが取ったこれらの措置は、私たち皆が置かれている前例のない状況を反映したものです。しかし先ほど述べたとおり、ヨーロッパの人々は次に何が起こるかを注視しています。そして当然、私たちができることを全て実行し、可能な限り多くの命を救ってほしいと望んでいます。

⑳ ですが人々はまた、全てが終わった後のことも考えています。戻れる仕事があるだろうか、自分たちの事業や従業員はどうなるだろうかということを考えています。貯金や住宅ローンはどうなるのか？　親や隣人、地域コミュニティーについても心配するでしょう。人々は、自国の政府が命を救うために難しい決断をしなければならなかったことも知るはずです――はい。

㉑ でも人々はまた、誰が彼らのそばにいたのか、そして誰がいなかったのかも覚えているでしょう。誰が行動し、誰がしなかったのかも覚えているでしょう。そして私たちが今日下す決断、あるいは下さない決断をも覚えているでしょう。

㉒ つまり、近いうちに「その後」の日は来ます。私たちの仕事は、その日が来たら――そしてそれ以降もずっと――欧州連合（EU）は私たちを必要とする人たちのそばに確実にいるようにする、ということです。私たちが今することは、本当に重要なのです。

Chapter 2

⑳ And this is why we launched **the Coronavirus Response Investment Initiative** to help direct 37 billion [to] **mitigate** the impact of the crisis, to save lives, jobs and businesses.

㉔ This is why we adopted the most **flexible** ever temporary rules on **state aid** to **enable** Member States **to** give a **lifeline** to their businesses. The first cases were approved in record time, within a matter of hours.

㉕ And this is why, for the first time in our history, we have **activated the general escape clause** in **the Stability and Growth Pact.** That means that Member States can use all the **firepower** they have to support those in work or those out of work, to support businesses small and big, and to support people through these tough times.

Vocabulary

㉓ ──────────
the Coronavirus Response Investment Initiative コロナウイルス対策投資イニシアチブ(医療システムや経済の脆弱な分野を支えるための経済対策)
mitigate ～を軽減する
㉔ ──────────
flexible 柔軟な

state aid 国家補助
enable ～ to *do* (人)がすることを可能にする
lifeline 救命策、命綱
㉕ ──────────
activate ～を始動させる、稼働させる
the general escape clause 一般免責条項(欧州債務危機を受けて、

EUが2011年に安定・成長協定に追加した条項)
the Stability and Growth Pact 安定・成長協定(EU加盟国の財政規律を定める協定)
firepower 能力、勢力

ウルズラ・フォン・デア・ライエン「EU加盟国の助け合いが不可欠」

㉓ だからこそ私たちは、この危機が与える衝撃を軽減するため、命、仕事、そしてビジネスを救うために、370億（ユーロ）を注入する「コロナウイルス対策投資イニシアチブ」を開始したのです。

㉔ だからこそ私たちは、史上最も柔軟性のある一時的な規定を国家補助に導入し、加盟国が国内のビジネスに救命策を与えられるようにしました。最初の事例は数時間のうちに承認されましたが、これは記録的な速さです。

㉕ そしてだからこそ、私たちは史上初めて、安定・成長協定の中にある一般免責条項を発動させたのです。それはつまり加盟国が、この困難な時期に職のある人やない人を支援し、大小のビジネスを支援し、人々を支援するために、あらゆる能力を使えることを意味するのです。

スピーチ動画 ▶ https://audiovisual.ec.europa.eu/en/video/I-187084
※動画右下の言語設定でOriginalを選択（本誌掲載箇所は06:52〜）

🔍 背景の解説　　　*Background Briefing*

やはり欧州大陸のエリートはすごい。このスピーチは前半をフランス語、中盤を英語で話し、最後は母国語（ドイツ語）で締めくくる構成（本書では英語の部分のみを掲載）だが、どれも実にfluent（流暢）だ。異なる言語・民族が時に戦いつつ地続きで共存してきた continental Europeの歴史と文化を感じるし、地続きでないイギリスがEUになじめず「離脱」を選んだ理由の一端も分かる気がする。

このスピーチにも「地続き感」が満載だ。実質的に撤廃したはずの国境で物資が停滞する状況にいら立ち、欧州議会議員らに今後は欧州委員会（EUの内閣に相当）が医療物資の調達・配布を指揮すると宣言。財政規律の一時的緩和も打ち出した。実効性には疑問が残るが「地続き国の連帯」という方向性にブレはない。

世界中でマスク不足となる中、台湾の「マスク配布システム」が大きなニュースとなった。立役者の一人がデジタル担当政務委員（＝大臣）のオードリー・タン（唐鳳）。台湾で行政サービスのデジタル化を推進する彼女が中心になり、台湾当局が、各薬局にあるマスクの在庫データをリアルタイムに更新されるオープンデー

①

オードリー・タン *Audrey Tang*

（唐鳳）

1981年生まれ。独学でプログラミングを学び、10代で起業。米アップル社や台湾の電気製品メーカーBenQ社の顧問を歴任。2016年に史上最年少の35歳で入閣し、デジタル担当政務委員に就任。デジタル化と開かれた政府の実現に尽力する他、情報の透明化を推進する「g0v」など多くの活動を行っている。母国語以外に英語、ドイツ語、フランス語を話す。24歳の時に女性性を選び、現在の名前に改名した。

オープンデータとテクノロジーの力

タとして公開。このデータを使った検索・購入用のアプリがさまざまな技術者により開発された。タン大臣へのアメリカのシンクタンクによるインタビューをお届けする。もう1本はBBCが行った韓国の康京和外交部長官（＝外相）へのインタビュー。大規模な検査体制を敷く韓国のコロナ対策について語っている。

Kang Kyung-wha カン・ギョンファ
（康京和）

1955年生まれ。韓国外交部（＝外務省）長官。延世大学を卒業後、1977年に韓国放送公社（KBS）に入社。その後アメリカのマサチューセッツ大学大学院でコミュニケーション学の博士号を取得。1999年に外務省に入省。2007年より国連人権高等弁務官事務所の副代表、国連人道問題調整事務所の事務次長補、グテーレス国連事務総長の政策特別補佐官などを歴任し、2017年より現職。

Chapter 3
1

Let's quell the disinformation

The Stimson Center

March 17, 2020

① **Pamela Kennedy:** Taiwan's digital minister, Audrey Tang, visited the **Stimson Center** to discuss her work **facilitating** open **governance** and **transparency** in Taiwan. Much of her work focuses on creating digital tools that make democracy more accessible, and new ways to combat disinformation. This has been especially important in Taiwan during the **ongoing** COVID-19 **outbreak**. Taiwan's efforts to improve its digital democracy may offer valuable lessons for the U.S. and other countries.

② **Audrey Tang:** My work, **broadly speaking**, is about open government — meaning that the government should trust the citizens with **open data**, not asking the citizens to **blindly** trust the government.

③ Open government basically **rests on** the idea that, for example, if people worry about how many **surgical mask[s] are there** in nearby pharmacies, we make sure that it's provided not only as information, but as **reusable** data that people who create **chatbots**, who create **VR** and **AR** applications, who create navigation **apps** and so on, can all integrate that data right where people are. And so this way, there will be no panic.

Vocabulary

Headline Vocabulary
quell （反乱など）を鎮める
disinformation 偽情報
① ─────
Pamela Kennedy （スティムソン・センター〈次項参照〉のリサーチ・アナリスト）

Stimson Center スティムソン・センター（アメリカの民間シンクタンク）
facilitate ～を推進する
governance 統治
transparency 透明性
ongoing 現在進行形の

outbreak 突発的発生、感染爆発
② ─────
broadly speaking 広い意味では、平たく言えば
open data オープンデータ（誰でも自由に再利用・再配布が可能なデジタルデータ）

オードリー・タン台湾デジタル大臣 スティムソン・センターインタビューより
「偽情報をやっつけろ」

① **パメラ・ケネディ**：台湾のデジタル担当政策委員オードリー・タンが、スティムソン・センターに来てくれました。彼女が台湾で行っている、開かれた統治と透明性を推進する職務について議論するためです。仕事の中心はデジタルツールを開発して民主主義をより身近なものにし、（ネット上に拡散している）偽情報と闘うことです。これは、新型コロナウイルス感染症が発生して以来、台湾で非常に重要なものとなっています。デジタル民主主義の改善に取り組む台湾の例は、アメリカその他の国に貴重な教訓をもたらすでしょう。

② **オードリー・タン**：私の仕事は、平たく言えば開かれた政府に関するものです――つまり政府は市民を信頼してオープンデータを公開すべきであり、政府を盲目的に信頼するよう市民に求めてはいけない。

③ 開かれた政府は、例えば、こんなふうに考えます。近所の薬局に十分な数の医療用マスクがあるだろうかと、みんなが心配しているとしましょう。その場合に私たちが心掛けるのは、単なる情報ではなく、再利用可能なデータを提供することです。みんながそれを利用してチャットボットを作り、VR（仮想現実）やAR（拡張現実）のアプリ、ナビゲーション・アプリなどを作って、それぞれの場所でデータを統合できるようにする。そうすれば、パニックなど起きません。

---

blindly 無条件で、盲目的に
③ ─────────
rest on 〜に依拠する、〜を基盤としている
surgical mask 医療用マスク（surgical masks are thereは、正しくは surgical masks there

are）
reusable 再利用できる
chatbot チャットボット（ユーザーが質問するとAI〈人工知能〉が回答してくれる仕組み）
VR 仮想現実（virtual realityの略）

AR 拡張現実（augmented realityの略）
app アプリケーション、アプリ

Chapter 1
Chapter 2
Chapter 3

④ The second way to do this is also through humor. In every ministry, we have, like, professional **comedians** that can make **mimetically** engineered, very **viral clarifications** within two hours — on average within one hour, now. And so if people have laughed about the clarification that goes **organically** viral, there really is nothing to **be outraged** against, but rather people can have a, just, **supplementary** discussion around the actual thing.

⑤ Basically, we're not saying we're **fact-checkers**, rather we're providing real-time clarification so fact-checkers can do their work.

⑥ **Kennedy:** What are the biggest challenges facing Taiwan's democracy?

⑦ **Tang:** Yeah, so last time we had a mayoral election which **coincides** on the same day as the **national referendum**. And that **proved to be** quite a disaster in terms of the people lining up to vote. But also because it kind of confuses **people-matters** with **issue-matters**.

⑧ We decided to make them **apart**, so that it's one year a **presidential election** — which has just passed — and the next year's going to be a national referendum day. So our upcoming challenge is the referendums.

Vocabulary

④ ——————
comedian コメディアン、喜劇役者 (ここでは、インターネット情報で偽情報を発見したらすぐに、ユーモアを交えながら正しい情報を発信する役目の人)
mimetically 巧みにまねて、そっ

くりに
viral (ウイルスのように激しく) 拡散するような (go viral で「拡散する、バズる」)
clarification 説明、解説
organically 有機的に、自然に
be outraged 激怒する、憤慨する

supplementary 追加的な、補足的な
⑤ ——————
fact-checker ファクトチェッカー (第三者の発言や記述の事実関係を調べ、誤りを指摘する役目の人)

④ もう一つの方法は、ユーモアを使うことです。（台湾では）どの省庁にもプロの
コメディアンのような人たちがいまして、拡散される投稿同様に面白い、すごく
ネット受けする解説を2時間以内に製作できるんです——平均すると1時間以内
ですかね。それを見た人が笑ってくれれば、放っておいてもネット上で拡散す
る。腹を立てる人がいるようなものではまったくなく、むしろ、みんなで本物に
ついての議論をさらに深めることができるようになります。

⑤ 基本的に、私たちがファクトチェッカーだと言っているわけではありません。む
しろ私たちはリアルタイムで解説を提供し、ファクトチェッカーが彼らの仕事をで
きるようにしています。

⑥ **ケネディ：**台湾の民主主義が直面する最大のチャレンジは何ですか？

⑦ **タン：**実は前回、ある市長選挙の投票日と国民投票の日が重なってしまったので
す。投票所にすごい行列ができて大変なことになりました。それに、ヒトの問題
とコトの問題が、いわばごっちゃになってしまいました。

⑧ それで、これからは別の日にしようと決めました、今年は総統選の年で——ちょ
うど終わったばかりですが——来年には国民投票が控えています。ですから当
面は、国民投票が大きなチャレンジですね。

⑦ ——————
coincide　一致する、同時に起こ
る（coincidesは、正しくは過去形
のcoincided）
national referendum　国民投票
prove to be　〜だと分かる
people-matter　（誰を選ぶかとい

う）ヒトの問題
issue-matter　（何を選ぶかとい
う）コトの問題
⑧ ——————
apart　（separateとするのが一般
的）
presidential election　（台湾の）

総統選、（一般に）大統領選

⑨ There's a lot of issues **that's** already very **structural**, and the **referenda** tend to bring the most **divisive** of the issues to the national topic.

⑩ So we look forward to **be facilitating** a set of more conversations among the different positions so that people can understand, once they get into the referendum voting **ballot,** what the outcome will **entail**, in a more rational manner, and also that people will feel that no matter what the result is, they can live with it, because they've always already considered the positions from the other side.

⑪ **Kennedy:** So what does your relatively young age bring to government discussions that might be missing when you're not there?

⑫ **Tang:** In Taiwan, we have the idea of **reverse mentorship**. So, around 12 ministries are **pertaining** the social innovation action plan, each minister has two reverse mentors, both under 35 years old, and probably a **social entrepreneur** or innovator that then leads the direction of that ministry.

Vocabulary

⑨ ——————
that's （正しくはthat are）
structural　構造的な
referenda　referendumの複数形
divisive　対立を生む、意見の不一致を起こす

⑩ ——————
be facilitating　（beは不要）
ballot　投票（用紙）
entail　（結果として）～を伴う、～という結果につながる

⑫ ——————
reverse mentorship　逆指南（若い人が年長者に指南すること。現地では「反向師徒制」と表記している）
pertain　～に付属する、関連する（participating in などと言いたかったものと思われる）
social entrepreneur　社会起業家

⑨ すごく根の深い問題がたくさんありまして、国民投票には国論を二分するような問題が持ち込まれます。

⑩ ですから私たちは、異なる立場をとる人たちの対話をもっと促す工夫をしたいと思っています。そうすれば国民投票で票を投じる際に、これで何が決まるのかをもっと理性的に判断できますよね。そして、どちらに転んでも結果を受け入れようという気にもなれるでしょう。だって事前に、異なる立場からの意見もちゃんと検討しているのですから。

⑪ **ケネディ**：まだ若いあなたがいることで、政府の議論に何か変化はありましたか。あなたがいなかったら成し得なかったような。

⑫ **タン**：台湾には、逆指南という考え方があるんです。社会変革アクションプランに参加している省庁が12ほどありまして、そこのトップには必ず、逆指南役と呼ばれる人が2人就きます。いずれも35歳未満の、たいていは社会起業家かイノベーターで、彼らがその省庁を引っ張っていくのです。

（利益だけでなく社会貢献も目標とする起業家）

⑬ **Kennedy:** That's amazing. That's so **inclusive** of the viewpoints and the perspectives of younger generations. Wow. It's wonderful. So recently, **in light of** the coronavirus outbreak, you actually created an app in a matter of days that helps people in Taiwan find pharmacies that are selling face-masks. What has been the response from the public to that, and is there interest from other countries facing similar issues?

⑭ **Tang:** Thanks. So, recently, in light of the coronavirus outbreak, I have personally created a[n] app. A simple web page that shows all the, more than, 70 now applications — that shows which pharmacies have **the surgical mask[s]** left.

⑮ I think one of the main **contribution[s]** is that it really makes everybody feel much more secure on the supply and the demand of the masks. **So much so that** the civil society has contributed real-time **dashboards** so that you can see, for children's masks, for adult's masks, what the **supply and demand curves** are.

Vocabulary

⑬ ─────────────
inclusive　包括的な、異なる意見
を排除せずに受け入れる
in light of　〜に照らして、〜を考慮
して
⑭ ─────────────
the surgical mask[s]　（theは不

要）
⑮ ─────────────
contribution　寄与、貢献
so much so that　（前文を受けて）
非常に〜なので、だからこそ
dashboard　ダッシュボード（パソ
コンやスマホの画面に表示される

アプリの一覧）
supply and demand curve　需給
曲線

⑬ **ケネディ：** それは素晴らしい。若い世代の視点や考え方を、どんどん採り入れる仕組みですね。すごい、すてきです。それで、例のコロナウイルスの感染が始まった時、あなたはたちまちアプリを作り出して、どこの薬局でマスクを売っているかを誰もが見つけられるようにしました。人々の反応はどうでしたか？ 似たような状況を抱える他の国からの問い合わせはありましたか？

⑭ **タン：** 照れくさいですね。ええ、最近ですが、コロナウイルスの問題が持ち上がった時、自分でアプリを一つ作りました。簡単なウェブページで、今では70を超えるアプリが載っていて、どの薬局にマスクが残っているかを調べることができます。

⑮ 私が思うに、これの主要な効果の一つは、マスクの需給に関して人々が以前よりずっと安心できるようになったことです。だからこそ、民間の人たちがリアルタイムのダッシュボードを用意してくれたのです。それで、子ども用のマスク、大人用のマスクといった情報をすぐに探せるようになり、需給の推移も分かるようになりました。

⑯ That not only improves the efficiency in **allocation,** but also just **calms** everybody **down,** because people know that there's more mask[s] coming, that we're not having a shortage, and that people can very freely share these numbers as social objects on social media.

⑰ And so that quells all the different **disinformations** and **speculations** around the masks. Not only the correct, real-time information gets transmitted to people using a **venue** that they're already familiar with, but also the pharmacies can communicate what they want to communicate to the people.

⑱ **Kennedy:** It's a really fascinating view of how Taiwan has such an important role to play in the international community, especially in times of emergencies and disasters.

⑲ **Tang:** Yeah. That's right. As we say, **Taiwan can help.**

Vocabulary

⑯ ———————
allocation 割り当て、配分
calm 〜 down （人）を落ち着かせる
⑰ ———————
disinformations （不可算名詞のため、語末の-sは不要）
speculation （勝手な）憶測、投機
venue 現場、会場

⑲ ———————
Taiwan can help 台湾は役に立てる（国際社会で国家としては認められていないけれど、実は台湾は国際社会の役に立っていますよ、という台湾政府の外交的メッセージ）

⑯ おかげで探しやすくなっただけでなく、人々に安心を与えることもできました。もうすぐマスクが入荷する、不足してはいないということが分かりますし、そういう数字を社会的な情報として、SNSで自由にシェアできるんだということも分かります。

⑰ ですから、マスクに関して食い違うような偽情報やいい加減な憶測を排除することもできます。みんなが使い慣れたサイトで、正しいリアルタイムの情報がきちんと伝わるだけでなく、薬局側もお客さんに伝えたいことを伝えられるのです。

⑱ **ケネディ:** 本当に素晴らしいですね、台湾が国際社会でこんなに重要な役割を果たしているなんて。それも、こんな非常時、災害時に。

⑲ **タン:** ええ、おっしゃるとおりです。だから私たちは言うんです、「台湾は役に立てる」って。

 インタビュー動画 ▶ https://bit.ly/3fmDg8u

🔍 背景の解説　　*Background Briefing*

　IQ180以上とうわさの秀才。早口で、無駄な繰り返しもなく、脈絡のない質問を振られても言いよどむことなく答えている。「台湾民主主義が直面する最大のチャレンジは?」なんて物騒な問いをぶつけられても、中国との関係に触れることなく、顔色一つ変えずに「国民投票」の話で切り返している。コンピューターの知識だけでなく、

外交センスも持ち合わせている証拠だ。

　彼女 (自身のブログでトランスジェンダーであると明かし、改名もした) の発言で興味深いのは reverse mentorship。漢字表記では「反向師徒制」となるらしく、要するに「長幼の序」を逆転する発想。デジタルが民主主義の facilitatorなら、反向師徒は台湾民主主義の driverだ。

Chapter 3 2

Based on evidence and science

BBC Motion Gallery / Getty Images   March 15, 2020

① **Andrew Marr:** You have **adopted** a particular **strategy** towards this. Just explain to us the **basis** of your strategy.

② **Kang, Kyung-wha:** Yes. Well, the basic **principle** is openness, **transparency** and fully keeping the public informed. And I think this is **paying off.** We have a very good health care system **to begin with.** We have a system that is highly **wired** as you can imagine. And fully **utilizing** that, we have **dealt with** this **outbreak** from the very beginning with, you know, just full transparency, and that's the way we've **won** the public trust and support for this.

③ And as you say, we are seeing a **stabilizing** trend. For three days **in a row**, the number of newly confirmed **positive cases** is smaller than the number of those fully **cured** and **released.**

④ **Marr:** You've also got the most **extraordinary** testing system. You are testing, I think, 20,000 people a day which is far more than any other country of your size. How have you **managed to** achieve this and why is testing central to what you are doing?

Vocabulary

Headline Vocabulary
based on 〜に基づいて
evidence 証拠、裏付け
① ——————
Andrew Marr アンドリュー・マー
（BBCのトークショーの司会者）
adopt 〜を採用する

strategy 戦略
basis 基礎、原則
② ——————
principle 原則、主義
transparency （情報などの）透明
性
pay off 効果をもたらす

to begin with 第一に、そもそも
wired ネットワークに接続された、
IT技術を活用した
utilize 〜を利用する
deal with 〜に対応する
outbreak 突発的発生、感染爆発
win 〜を勝ち取る、得る

康京和韓国外相 BBCトークショーより（抜粋）
「エビデンスと科学に基づいて」

① **アンドリュー・マー:** あなたの国は、この事態に独特の戦略を採用しました。その戦略の基本をご説明ください。

② **康京和:** はい。まあ、基本原則は開放性と透明性、そして国民への十分な情報公開です。それが功を奏していると思います。わが国にはそもそも、非常に優れた医療システムがあります。ご想像どおり、高度にネットワーク化されたシステムがあります。それを十分に活用して、最初から十分な透明性を維持しながらこの感染拡大に対処してきました。そうやって、この問題への国民の信頼と支持を得てきたのです。

③ そして、おっしゃるとおり、わが国では沈静化の傾向が見られます。3日連続で、新たに陽性と確認された人の数が、完治して退院した人数を下回っています。

④ **マー:** あなたの国にはまた、非常に傑出した検査システムがあります。確か1日に2万人の検査を実施していて、これは同じ規模の他の国よりもはるかに多い数です。どうやってそれを実施しているのでしょう、また、検査を対策の中心に据えている理由は何でしょうか?

③ ————
stabilize 安定する
in a row 立て続けに、連続して
positive case 陽性症例、陽性患者
cure 〜を治療する
release 〜を退院させる (p.84⑥2
行目は「〜を公表する」の意味)

④ ————
extraordinary 類いまれな、並外れた
manage to *do* どうにか〜する、〜を成し遂げる

⑤ **Kang:** Well, first of all, testing is central because that leads to early **detection**, it **minimizes** further spread and it quickly treats those found with the **virus**. And I think that's the key behind our very low **fatality rate** as well.

⑥ I think our system quickly approved the testing system after the Chinese **authorities** released the **genetic sequence** of the virus in mid-January. Our health authorities quickly **conferred** with the research institutions here and then shared that result with the **pharmaceutical** companies who then produced the **reagent** and the **equipment** needed for the testing. And so, I think our testing is nearly a quarter of a million at this point. 268,000 **as of** today.

⑦ **Marr:** That's **remarkable**. The number of new cases is slowing down. Do you think you're over the worst now?

⑧ **Kang:** Well, the peak of new cases was in late February when we had **hit** over 900 new confirmed cases. That has now come down to 76 new cases as of today. So yes, we are definitely seeing a normalizing trend in **reduction** of new cases but of course we're not **complacent**. This is not just about us. And we are taking this approach of openness and transparency not just **domestically** but to the international community because we are a country that is highly **interdependent** with the rest of the world.

Vocabulary

⑤ —————
detection 検知、発見
minimize ～を最小限に抑える
virus ウイルス
fatality rate 致死率、死亡率

⑥ —————
authorities （通例、複数形で）当局
genetic sequence 遺伝子配列
confer 協議する
pharmaceutical 薬の、製薬の
reagent 試薬

equipment 装置、機材
as of ～時点で、～現在
⑦ —————
remarkable 注目に値する、見事な
⑧ —————
hit ～に達する

⑤ **康:** そうですね、第一に、検査が中心なのはそれが早期発見につながるからで、それ以上の拡大を最小限に抑え、ウイルス感染が判明した人を速やかに治療することができます。これが、わが国の非常に低い死亡率の裏側にある重大要素でもあると考えます。

⑥ われわれは、中国当局が1月半ばにウイルスの遺伝子配列情報を公開した後、速やかにこの検査システムを承認しました。わが国の保健当局は迅速に国内の研究機関と協議し、その結論を製薬会社に伝え、彼らがそれを受けて検査に必要な試薬と機器を製造しました。おかげで、現在、わが国の検査数は25万件近くになっているはずです。今日現在、26万8000件です。

⑦ **マー:** それは素晴らしい。新規感染者数も落ち着いてきています。最悪の時期は乗り越えたとお考えですか?

⑧ **康:** まあ、新規感染者数が最大だったのは2月下旬で、新たに確認された感染者が(1日で)900人以上に達しました。それが、今日現在、新規感染者が76人にまで減少しています。ですから、そうですね、新規感染者の減少という点では確かに正常化傾向が見られますが、もちろん油断はしていません。これは私たちだけの問題ではないのです。そして、この開放性と透明性によるアプローチは国内だけでなく国際社会にも向けられたものです、わが国は世界の国々との相互依存度が高い国ですから。

reduction 減少
complacent 満足した、甘んじた
domestically 国内で
interdependent 相互依存的な

⑨ Our people travel **a great deal** on businesses, on family visits, on **tourism**. Our economy **depends on** this **interdependency** with the outside world. So, we want to keep the doors open with the other countries.

⑩ And so, as this disease spreads to many more countries, we're watching very closely, and we **are committed to** maintaining our open approach. It may not be **applicable** in other countries with, you know, less IT **infrastructure** and other **values**.

⑪ But I think **in the end**, we have to **acknowledge that** this is not going to be the last time a **novel pathogen** becomes a global health threat. So we hope that our experience and our approach and model [not only] informs other countries dealing with this COVID-19 but also, you know, leading to greater international **collaboration** for better **preparedness** when this comes around the next time.

⑫ **Marr:** As it will in your view, even if you **get through** this, it's not the end of the episode, it's the beginning of a new way of living, almost.

Vocabulary

⑨ ————
a great deal　たくさん、大いに
tourism　観光
depend on　〜に頼る、左右される
interdependency　相互依存性
⑩ ————
be committed to　〜に全力を注い

でいる
applicable　適用できる、当てはまる
infrastructure　基盤設備、インフラ
value　価値あるもの（ここではインフラと並ぶ「社会設備」などを指していると思われる）

⑪ ————
in the end　結局のところ
acknowledge that　〜であると認める
novel　新しい、これまでにない
pathogen　病原体
collaboration　協同、協力

⑨ わが国の人々は、仕事や家族の用事や観光で、旅行をたくさんします。わが国の経済は、こうした外国との相互依存で成り立っています。ですから、外国との門戸は開放しておきたいのです。

⑩ このため、この病気が多くの国に広がっている中、わが国はその状況を注視しています、そして開放的なアプローチの維持に注力しています。ITインフラなどの設備が整っていない他の国に応用するのは難しいかもしれませんが。

⑪ しかし結局のところ、新種の病原体が世界的な健康上の脅威に転じるのはこれで最後ではない、と認識する必要があります。ですから、わが国の経験とアプローチとモデルが、新型コロナウイルス感染症 (COVID-19) に取り組む他国への情報提供となるばかりでなく、次回このようなことが起きた際に、よりよい備えができる幅広い国際協力にもつながることを願っています。

⑫ **マー：** あなたのお考えとしては、たとえこれを乗り切ったとしても、そこで話が終わりとはならない、ということですね。これは、新たな生活様式の始まりと言えると。

preparedness　準備（できていること）
⑫ ────────
get through　〜を乗り切る

⑬ **Kang:** Yes. One thing I also would like to point out; as governments, we also have to guard against panic. I think governments have to be **cool-headed** about this and do what we do based on evidence and science, because I think, you know, the **declaration** of the **pandemic** by the **WHO** risks, you know, turning the spread of the virus into a spread of fear and **phobia**.

⑭ I can't tell you how many **incidents** I get reports of Asians, not just Koreans, being **verbally abused**, even **physically** attacked in other countries. And governments have to take responsibility to stop this kind of incident because that is not helpful to **generating** the spirit of collaboration that we absolutely need to **overcome** this challenge together, globally.

Vocabulary

⑬ ————————
cool-headed 冷静な
declaration 宣言
pandemic パンデミック、(病気の) 大流行、感染拡大
WHO 世界保健機関 (= World Health Organization)

phobia 恐怖症、やみくもに恐れること
⑭ ————————
incident 出来事、事件
verbally abuse ～を言葉で虐待する、～に言葉の暴力を浴びせる
physically 物理的に、身体的に

generate ～を生み出す
overcome ～を克服する、乗り越える

⑬ **康:** そうです。もう一つ指摘したいのは、各国の政府には、パニックに対する警戒も必要だということです。各政府はこの事態に対して冷静さを保ち、エビデンスと科学に基づいてなすことをなすべきだと思います。というのも、WHOによるパンデミックの宣言には、ウイルスの拡散を不安と恐怖の拡散に変えてしまうリスクがあると思われるからです。

⑭ 韓国人に限らず、アジア人が外国で言葉の暴力に遭ったり、さらには身体攻撃を受けたりしているという報告事例は数えきれません。各政府は責任を持ってこのような事件をなくさなくてはいけません。そんなこと（暴力）は役に立たないのです、世界が一体となってこの難しい事態を克服するために絶対に必要な、協調の精神を生み出す上では。

インタビュー動画▶ https://www.bbc.co.uk/programmes/p086q4fx

🔍 背 景 の 解 説　　*Background Briefing*

　韓国南部にある宗教団体の施設で新型コロナウイルスの集団感染が起きたのは2月半ば。あっという間に2000人を超える感染者が出た。もし首都の遊興施設で同時多発的に最初の集団感染が起きていたら、現場は混乱し国民はパニックに陥ったかもしれない。しかし集団感染（cluster）の発生場所がすぐに特定でき、潜在的感染者の追跡（contact tracing）も容易だっ

たので、同時期に不意を突かれたイタリアと違って事前に用意したマニュアルどおりの対応ができた。

　注目したいのは「1月半ばに中国側がウイルスの遺伝子情報を開示」し、おかげで早期に検査体制を築いたと述べている部分。とかく中国を悪者に仕立てたがるアメリカなどの論調に、やんわりクギを刺している。

the japan times
NEWS DIGEST

2020夏 特別号
コロナ禍を生き抜く——厳選 危機管理スピーチ集

2020年8月5日 初版発行

編　者　ジャパンタイムズ出版 英語出版編集部
　　　　©The Japan Times Publishing Ltd., 2020
発行者　伊藤秀樹
発行所　株式会社 ジャパンタイムズ出版
　　　　〒102-0082 東京都千代田区一番町2-2 一番町第二TGビル2F
　　　　電話　050-3646-9500（出版営業部）
URL　　https://jtpublishing.co.jp/
印刷所　株式会社光邦

●本書の内容に関するお問い合わせは、ウェブサイト（ブッククラブ）または郵便でお受けします。
●万一、落丁乱丁のある場合は送料当社負担でお取り替えいたします。
　（株）ジャパンタイムズ出版・出版営業部宛てにお送りください。

ISBN 978-4-7890-1765-7　Printed in Japan